文化昆明

WENHUA KUNMING

富民

FUMIN

滇北锁钥地 天籁小水井

总策划 程连元 王喜良

主　编 金幼和

本卷主编 李媛珏

云南出版集团 云南人民出版社

文化昆明

“文化昆明”丛书编委会

富民

WENHUA KUNMING FUMIN

文化昆明·富民

本卷编委会

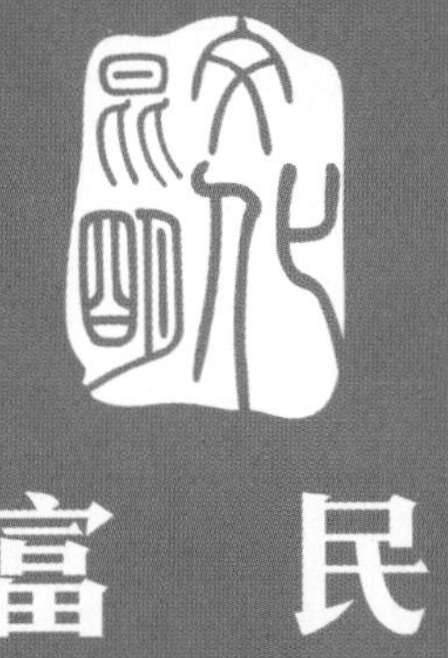

富　民

图书在版编目（CIP）数据

文化昆明．富民 / 李媛珏主编．-- 昆明：云南人民出版社，2020.3
ISBN 978-7-222-17381-1

Ⅰ．①文… Ⅱ．①李… Ⅲ．①文化史 – 富民县 Ⅳ．① K297.41

中国版本图书馆 CIP 数据核字 (2020) 第 013021 号

出 品 人： 赵石定
责任编辑： 刘 焰 徐 昕
装帧设计： 李乐乐 熊小熊
责任校对： 姚实名
责任印制： 窦雪松

文化昆明 · 富民

主编： 李媛珏
出版： 云南出版集团 云南人民出版社 // **发行：** 云南人民出版社
社址： 昆明市环城西路 609 号 // **邮编：** 650034
网址： www.ynpph.com.cn // **E-mail:** ynrms@sina.com

开本： 787mm×1092mm 1/16 // **印张：** 17 // **字数：** 240 千
版次： 2020 年 3 月第 1 版第 1 次印刷
印刷： 云南出版印刷集团有限责任公司 云南新华印刷一厂

书号： ISBN 978-7-222-17381-1 // **定价：** 79.00 元

如需购买图书、反馈意见，请与我社联系
总编室：0871-64109126 发行部：0871-64108507
审校部：0871-64164626 印制部：0871-64191534

云南人民出版社微信公众号

总　序

历史名城　异彩绽放

云南省省会昆明，地处中国西南边陲，有“春城”之美称，是一座有着悠久历史和奇特自然风光的诗意之城。国务院1982年公布首批24座历史文化名城，昆明就以其优势位列其中，尽展风采。翻开这套精美的“文化昆明”丛书，可以让你尽览其内涵的丰富和博大，满足你对昆明文化的追思与怀想。

转眼之间，昆明已经走过1240多年的漫漫历程。它古老而年轻，传统而时尚，在时光中积淀下丰富多元的文化底蕴，向世界展示出“历史文化名城”的奇特风姿。它三面环山，南依滇池，在历史的波涛中经历岁月变换。上天垂怜，这里天高云淡，彩云南现。花在这里四季不谢，风过这里温暖如春。

“春城”之名，名副其实。

早在2000多年前，昆明就是“南方丝绸之路”的重要陆路枢纽，连接起中国和世界的友好往来。当今盛世，它又重振开拓进取的雄风，成为中国面向南亚、东南亚开放的门户城市。它浓缩了云南省的区位优势，集中体现了云南的美丽、神奇和多姿。它是国家历史名城，也是中国重要的旅游、商贸城市。在昆明获得的众多荣誉中，近年新获的这几项尤其能说明它的独特优势：2016年中国十佳绿色生态旅游城市、2016年中国最具魅力宜居宜业宜游旅游城市、2017年世界春城十佳、2017年中国年度文化影响力城市……昆明正在以出色的自然生态环境和深厚的文化底蕴，向世界展示历史文化名城的特殊魅力。

历史是一幅壮丽长卷，展开这幅长卷，你将会看到昆明这座历史名城的前世今生，感受到它的风起云涌、波澜壮阔。它在时间中一路走来，历经岁月风霜，积淀下厚重的人文传统。“文化昆明”丛书就是为了展示昆明文化风采而作的一部大气之作。翻开它的书页，将引领你进入一个古老博大、丰富多姿的昆明。你会看到，在岁月帷幄后面，昆明收藏着一部部风云传奇。

早在数千年前的漫漫时光中，古滇国人就开始依傍滇池筑城。一座苴兰城，在历史的天幕上熠熠生辉，留下几多风中传奇，为昆明开启了一扇文明之门。后来又历经汉代的谷昌城、南诏的拓东城、大理国时期的鄯阐城、元代的鸭池（或中庆城）……城市的身影在历史的烟云中起伏，文明之光在时间长河中闪耀。一路走来，至明代的“龟蛇之城”，终于奠定今天昆明城的基础和风貌。那些承载着昆明历史与传奇的事物，至今还在历史舞台上演绎着不息的传说。

翻开“文化昆明”丛书的书页，历史画面如风如雾，岁月足音隐隐可闻。金马扬蹄碧鸡欲飞，五华风烟谱一代传奇。你会发现，昆明的每一段历史都和国家命运紧密相连；每一张书页中，都有生动的故事随风传扬。重九起义、护国运动，写下不朽历史篇章；蜿蜒跌宕的滇越铁路、滇缅公路，带着使命从昆明出发，谱写下时代风云传奇；滇军台儿庄抗战从昆明启程，西南联大入滇到昆明集合，历史见证着昆明对国家、民族的无私奉献……

昆明是云南的中心，也是历史风云的大舞台。穿过时光隧道，可以窥见历史波光潮起潮落，永不沉寂。真正是叹不尽数千年往事，写不尽代代英雄辈出。

有着悠久历史的昆明，不但有厚重的历史文化底蕴，还有无数美丽动人的自然风光。立体多元的气候条件和自然资源，更是昆明得天独厚的优势。

水，滋养了昆明古老的历史，也创造了昆明文化的精神：博大、包容、温润、丰厚，是一座城市发展进步的精神底蕴。滇池是全国第六大淡水湖，辽阔五百里，风光无限好，如同一面明镜，为昆明带来“波光潋滟三千顷，莽莽群山抱古城”的美景。它是昆明的母亲湖，更是昆明历史文化的重要源泉。盘龙江等河流从四面注入其中，汇聚成一个壮观的高原之“海”。它收纳昆明的历史光影于波光涛影中，见证着时间岁月的悠久绵长。它养育了古滇国的厚重，创造过古滇文化的奇观。从昆明穿城而过的盘龙江，则如同一条蜿蜒长龙，书写下昆明现实发展的壮丽长卷。

山，是昆明的屏障，昆明的筋骨，支撑起厚重的历史与文化。耸立的山峰，是昆明精神的另一种写照，象征着坚强的意志与不屈的努力进取。群山拱卫昆明，守护着中国西南这片边远辽阔的美丽疆土。立足滇池，放眼四方，“东骧神骏，西翥灵仪，北走蜿蜒，南翔缟素”。山是昆明文化精神的另一个侧面，它代表着坚毅、刚强，以千万年的沉默，矗立成一种不屈的精神。

如此多情山水，养育了昆明的花，风情万种，四季不谢。花是昆明人温婉、多情性格的体现，也是昆明这座城市热情、开放、进取精神的象征。“不要人夸好颜色，只留清气满乾坤。”无论哪个季节来到昆明都有鲜花盛开，每个角落都会给人充满温馨的享受。近年来，斗南的鲜花市场在努力进取中崛起，以花色缤纷、花市多姿而闻名世界，为昆明这座“花之都”平添异彩。

昆明的自然景观丰富多元，人文创造相得益彰。在历史长河中，昆明一直在努力奋进，奋勇拼搏，追赶着时代前进的步伐。它由民国时期的4.49平方公里，发展到今天的21473平方公里，就是最好的证明。如今的昆明下辖7区6县1市，其省会城市的规模和风姿独放异彩。每一个区、县、市，都已经形成自己独特的特色和优势，共同构成一个多元、开放、进步的新昆明。放眼之处，五华拥翠，盘龙蜿蜒，官渡涛涌，西山苍劲，主城的四个区，历史悠久，风景独异，拱卫出昆明的内核和精神气蕴。

“中国花卉第一县”的呈贡区，这里不仅有驰名天下的斗南花市，还是中国著名的蔬菜生产基地。大学城的建成，更为它增添了浓厚的文化意蕴。地处昆明东北部的“天南铜都”东川区，则以红土地的神奇壮美闻名于世，描绘了一幅壮丽的自然画卷。位于滇池之畔的晋宁区，有深沉厚重的历史底蕴。它是古滇王国的发源地，青铜文化的古老摇篮。富民县素有“滇北锁钥”之美称，默默守卫着昆明北大门。嵩明县收获了“滇中粮仓”“花灯之乡”“龙狮之乡”之美誉。寻甸回族彝族自治县，红军长征在柯渡留下了红色遗迹，向后人昭示着一种开拓进取的精神。石林县有“云南石林世界地质公园”，宜良县有“九乡风景区”，每一处都是大自然的鬼斧神工，也是闻名天下的自然奇观。禄劝彝族苗族自治县境内的“乌蒙轿子雪山省级自然风景保护区”，苍峰雪顶，珍奇遍地，也是一处神奇险峻的自然杰作。距昆明32公里的安宁市，历史悠久，有“螳川宝地，连然金方”之美誉。2017年11月，安宁市又力挫群雄，荣获“全国文明城市”荣誉称号。

今日的昆明开拓进取，成果卓著。触目处有花香遍地，鸥鸟欢鸣；举头望长空雁叫，银鸟翱翔。还有一条条高铁线路，如风如电，连接起八方美景。一个立足西南、放眼世界的新昆明，正在时代征程中尽展风姿。

自然风光旖旎多姿，人文精神源远流长，二者互相映衬，在长长的时间轨迹中塑造了昆明文化的基本精神：丰富多元，立体多姿；开拓进取，敢为人先。它为昆明在新时代的发展进步，奠定一片厚重背景。

文化是一块土地千百年历史精华的凝聚，是无数人心血和汗水的创造。文化也是当代人的精神家园，是一座城市的根脉所在。作为一个地处边疆、多民族共居的城市，作为一个承载着丰富时代内涵的省会城市，昆明的魅力不言而喻，它是中国西南大地上一块闪烁着五彩奇光的瑰宝。

优秀的传统文化，是经过时间之网过滤之后的岁月精华，是一代代人心血和精神的凝聚，也是一个时代创新发展的源泉和根基，一块土地的根脉之所在。有了文化的滋养，一座城市才能在前进征程中焕发新光彩，激发前进的动力。优秀的传统文化，也是不可再生的精神资源，需要我们怀着敬畏之心去学习和传承。

人们怀念老昆明，就是对优秀传统文化的追思与怀想。它们是那些从时间之页上流走的古老日子，既有风云变幻构成的宏大篇章，也有日常生活的平凡与诗意。诸如传说中“昆明八景”的瑰丽，滇池浪尖的鱼跃，盘龙江畔花灯的悠远，还有西山龙门的险峻，南屏街梧桐的婆娑，正义路灯火的璀璨……

翻开“文化昆明”丛书，它可以满足你对传统和现实的审美需求，可以展现给你昆明多姿的侧面和丰富的内涵。组织编写这套丛书，是本着一种对历史负责的态度，对子孙后代负责的精神，对昆明文化内涵的一次集中梳理与总结。同时，这也是在历史长河中捡拾珍珠的过程，把它们连接成一串闪光的珠串。

用历史的眼光、文化的视觉、文学艺术的手法、文化大散文的表现方式，来展现昆明的文化，让昆明的历史和特色生动形象地彰显于世，这是组织者的良苦用心。多姿多彩的文本，行云流水的文字，是昆明众多文人才子精神智慧和文学才华的倾情奉献。

一套“文化昆明”丛书，将昆明历史文化的精华囊括其中。每一页都有岁月之光在闪耀，每一册都有珍珠珍藏其中。翻开它，你可以从滇池涛声中谛听古老岁月的悠悠回声；进入它，你可以展望新昆明的辽阔远景。古老悠久的文化传统，如同川流不息的盘龙江，滋润着昆明这块古老、开放的土地，引领它创造更加美好的未来。

富民赋

滇中重镇，云岭星城。登高山以观云海，[1]溯螳川可达古滇。[2]三山拥两川入怀，[3]四圩依五峦栖息。[4]东西纵横，得天地之灵气；南北通达，贯古今之心程。一万五千顷热土，生机勃勃；[5]一百六千计黎民，其乐融融。[6]是故霸者富士，王者富民。[7]

一水穿城，川流不息，[8]流不尽几多风花雪月；群山守望，运开时泰，守住了多少富贵年华。数点微波，时时荡起千重之浪；一园庭榭，处处吐纳四时之春。林疏草密，曲径幽远；风吹愁散，月出心宽。晨有鸟语邀你梦醒，夜无杂音伴你入眠。闲暇之余，倚栏静观长流之水；兴致来时，抬手轻扣赤子之心。

川畔洞幽，霞客忘返；[9]九峰传奇，信众徜徉。[10]万佛山侧看来去，[11]飞来寺旁话短长。[12]普渡河边猴戏水，峡谷之巅风撩衣。[13]白龙寺外，一塘池水半月弓；[14]紫虚观里，几重书声三世人。[15]过水洞中暗溪涌，[16]宝石洞内淘珠玑。[17]马场草甸，碧草如茵心旷达；[18]龙纳河谷，淙淙流水去凡尘。[19]平安湖，涤荡几分悲欢离合？[20]姑娘坟，诉说多少爱恨情仇。[21]

花开无时，果香四季。山巅苹果脾沁蜜，大树杨梅口生津。春融万物，呈无限生机；秋收数粟，充殷实之廪。野珍山菌，如雨后春笋，破土而出；[22]晶莹稻米，似珍珠落盘，透亮醇香。[23]葡萄如眸，脉脉含情；[24]樱桃似珠，殷殷可人。[25]清河舞蹈，跳出无限深情厚意；[26]罗免山歌，唱罢几番天地人间。[27]但见炊烟起处，自是有情人家。篝火熊熊，尽展妖娆身姿；[28]盆炭暖暖，随煮人生百味。[29]十冬腊月丰收宴，任品三月不用炊。[30]彩玉国际，青春几度？上河院里，我自飞歌。[31]

白云悠悠，岁月如歌。严家训，一腔热血护国土，名垂青史；[32]廖新学，大师名作誉神州，流芳百世；[33]天籁源自大山，声震寰宇；[34]发现重于勤勉，瞬间永恒。[35]三村古道，山间铃响马帮来；[36]东山学舍，钝学累功赤鹫飞。[37]美女峰下，唤学子晴耕雨读；[38]文昌院里，传后世暮省晨参。[39]夫子庙前，黉学声声送经典；[40]皇亭子内，圣旨铮铮谓“富民”。[41]红军桥上，炙手拳拳赞英烈；[42]老干山下，立心荡荡敬忠魂。[43]

夫非厚土难蕴万物，非深根难见生机。碧水空流，难成水乡之景；清心寡欲，不解风月之情。长风不遣相思意，鸳鸿有识度情怀。峰回路转，想人情之冷暖；沧海桑田，知世事之轮回。望雄魂于青山之下，川鸣谷应；待才俊于长河之中，海阔天高。欣逢盛世，自有济世之才；又遇明时，岂无蕃昌之期[44]？

注释：

①富民境内有一峰，名为望海山。登山顶可看到昆明滇池。

②螳螂川为滇池出海口，流经安宁、富民、禄劝，下游名曰普渡河，汇入金沙江。

③“三山”指富民境内老青山、望海山和老干山。“两川”指螳螂川和流经散旦、款庄、东村的龙泉河。

④富民境内有四个小坝子，即永定、赤鹫、散旦、款庄（含东村）。坝子因老青山、望海山、银凸山、老干山和大黑山相间而成。圩，泛指因山而围成的洼地。

⑤富民土地面积 993 平方公里。1 平方公里 =15 顷，富民土地面积为 14895 顷。

⑥人口官方统计 15.4 万人，文中以约 16 万（一百六十千）计。

⑦西汉元封二年（前 109 年）建秦臧县，属益州郡，富民一带属秦臧县辖地。蜀汉建兴三年（225 年）改益州郡为建宁郡。东晋时改建宁郡为晋宁郡，仍辖秦臧县。晋设宁州，秦臧县属建宁郡，南朝属宁州晋宁郡。唐初属昆州，武德七年（624 年）在富民地方置利浪驿。唐贞观九年（635 年），西宁地改称黎州，称富民坝子为黎瀼甸。宋为大理国拓东节度所辖。元至元四年（1267 年）置黎瀼千户所，至元十二年（1275 年）

建富民县，属中庆路。明洪武十五年（1382 年）正月，改中庆路为云南府，富民县属之。清沿明制。民国初年属滇中道，民国十八年（1929 年）后废道直属云南省。1950 年属武定专署，1953 年随武定专署并归楚雄州。1958 年划归昆明市至今。

关于“富民”的由来，比较常见的叙述为：因境内土壤肥沃，气候宜人，物产丰富，以水稻为主，一年两熟，自食有余，故以“富民”称之。我常想，前人对姓名、地名，乃至小到招牌店名，都是十分注意和相当考究的，不会太随便、太简单、太随意。一般都注重出处，富有内涵，寄予希望。从目前史料记载来看，最早提及“富民”这个称谓的是荀子，他在《王制》一文中述道：“故王者富民，霸者富士，仅存之国富大夫，亡国富筐箧，实府库。筐箧已富，府库已实，而百姓贫，夫是之谓上溢而下漏，入不可以守，出不可以战，则倾覆灭亡可立而待也。”“富民”就是使民殷富，让国家长治久安。古时候，作为一任地方官员，让辖区内的人们过上殷实富足的生活，实现国泰民安的愿望，不仅是很多士大夫的执政目标，也是君王统治的至高要求。因此，前人从“王者富民，霸者富士”一句中，取“富民”作为县名，来源高古，依据充分，追求美好，出处经典，愿望可遂。“富民”这一名称，内涵深刻，寓意深长，蕴藏了多少仁人志士的美好向往。可谓“名正言顺”，相对于从自然条件方面解读“富民”的出处和含义，“王者富民”更显得根深叶茂、源远流长。

“为官一任，造福一方”，让人民过上富足充裕的生活，不仅仅是古人的目标和理想，也是我们当代人不懈的努力和追求。

⑧螳螂川穿县城而过，把县城分为南北两部分。

⑨每提起富民就会想起一句诗：“桃花流水，不出人间。云影苔痕，自成岁月。”这就是徐霞客在游览富民时写下的赞美之辞。河上洞位于永定车完村下面，螳螂川右壁。除徐霞客在游记中有记载外，在洞壁上，还刻有明万历二十二年（1594 年）县令刘珍的题词“河上洞天”及题诗《河上洞》《洞成又赋》，洞口刻有“桃花流水”字样。洞内气温很低，溶洞里面的空间较为宽阔。

⑩九峰山护国西华禅寺（禅门临济宗大本山），位于富民县南营后

村西约两公里的山坳中，是药王菩萨的应化道场。在明、清和民国时期，九峰山闻名遐迩，与四川之峨眉、大理之鸡足相为伯仲，成为祖国西南三大名山之一。不仅名扬海内，也蜚声东南亚一带。曾纂有《九峰山志》。据史料记载，明崇祯十二年（1639年），药王菩萨的化身——宁波天童山天童寺灵药慧宗禅师受师命到云南弘传临济宗，清康熙元年（1662年），至富民九峰山，在莲花峰周围之望霞峰（南极峰、寿星峰）、天马峰（势至峰）、熊耳峰（净瓶峰）、宝钵峰（钵盂峰）、金钟峰（接引峰）、白象峰、秀狮峰、群鹿峰、仙鹤峰等9个山峰约6000顷土地上建西华寺。

九峰山西华禅寺后毁于“破四旧”。近十年来，在富民县委、县政府相关部门的重视支持和崇化大师的不懈努力下，已恢复重建，并粗具规模。

⑪ 万佛山庆寿寺，位于富民县城东北肖家营村后面，坐落于万佛山的绿荫之中，由九殿一塔一池组成，即大雄宝殿、观音殿、地藏殿、接引殿、天王殿、祖师殿、藏经阁、大悲殿、财神殿、海会塔、放生池。寺庙中塑有释迦牟尼佛一尊，文殊菩萨、弥勒佛、普贤菩萨、送子娘娘、虫王、清苗太子等佛。

万佛山左侧为宝象山，乃富民灵毓之地，多少人就此终结一生。看着上上下下、来来往往的众生，不知有多少进入“上三道”轮回，又有多少堕入“下三道”磨难。万佛山庆寿寺建于此，昭示和提醒着人们多积德、行善，勿以恶小而为之，勿以善小而不为，成就一个平常的人生，造就一次更好的轮回。

⑫ 飞来寺位于永定上文明村后。相传富民还叫作燕州时，遭遇了灾荒，连年颗粒无收，百姓民不聊生。一老农在田埂上唉声叹气，遇一位仙风道骨的老者对老农说道：“要除此灾，非建清华寺，以求佛祖保佑。建木两千根，白鹤洞里取。”说完便脚踏白云离去。村子里的后生按照老者的说法在狮子山头建起了清华寺。第二天当人们前去祈祷时却发现昨天才建好的寺庙竟然不翼而飞，他们沿路寻找，终于在美女山侧面的小山上找到清华寺。从那以后，清华寺香火旺盛，燕州再也没有发生过灾荒。也因为清华寺是飞来的，所以就被称作飞来寺！

从飞来寺放眼，左有北邑村、西邑村、东邑村，右有上文明村、西庄村、瓦窑村，富民小坝子东南西北、春夏秋冬一览无余。四季更替，古今兴衰，世间冷暖，社会变迁，富民的昨天、今天、明天，或阴或阳，或是或非，或长或短，尽数入眼。

⑬ 螳螂川自滇池出海口，经安宁、富民，至富民赤鹫后称普渡河。赤鹫到东村一段，两岸悬崖峭壁，河中怪石林立，雨季来时，河水猛涨，波涛汹涌，河面宽阔，峡

谷风光浓郁。曾有岩羊出没，现又说有猴子嬉戏。峡谷内生态环境较好，岩羊、猴子之说应该可信。

⑭ 白龙寺在款庄镇。寺旁有一月牙形池塘，塘正中有一独木桥，形似拉弓搭箭。

⑮ 紫虚观在款庄境内。二十世纪二三十年代为一学堂，培养了款庄、东村片区大量出类拔萃的人才，为当地乃至富民经济发展、社会进步和文化繁荣做出了积极的贡献。

⑯ 过水洞位于款庄东南部。相传在很久以前，过水洞里住着条恶龙，附近的村民每年会选出一对童男童女进贡给这条恶龙，否则恶龙便会出来作乱。一个神仙路过款庄，看到了这一幕，准备搬一块类似棺材的巨石把洞门封印住。不料在途经鲁岔库的时候，被一个村民学鸡叫声，吓得把石棺留在了那里。人们商量了一下，为了镇压住这条恶龙，便在过水洞门口塑了这位神仙的泥像。从此这条恶龙便被关在了洞中。平时，常有当地民众敬献香火，祈求平安。

⑰ 宝石洞位于富民县散旦镇盘龙村，距昆明 23 公里。宝石洞是新石器时代文化遗址，至今仍保留有太平天国运动时期的土坯残垣和制造火药的石臼。宝石洞系石灰岩溶洞，洞群含龙洞、仙人洞、福临洞，主洞为宝石洞，因洞内盛产奇异多彩、惹人喜爱的玛瑙石粒而得名，洞内钟乳石千姿百态。1983 年在洞口堆积物中发现陶器、骨器等文物，属新石器时代洞穴遗址。她是目前极为罕见的尚未开发的大型溶洞群，至今还深藏在神秘的大地深处。洞群全长 2500 余米，上下 9 层，首尾相通，地下河潺潺涌流，凛冽甘澈。这里无风无雨、可避寒暑；这里巨石坚韧，多姿多彩，曲折幽长不知尽头，神奇、未知……充满着诱惑和魅力。喀斯特地貌的所有特征这里应有尽有：石芽、溶沟、石林、漏斗、落水洞、溶蚀洼地、盲谷、峰林……更有高数十丈可聚千人的大厅，又有蝉蜕蛇行的迷宫。最为奇特的是“天坑”，往上看可坐井观天，可见阳光正午从天顶洞口掠过；往下看万丈深渊，深不可测。身临其境，倍感大自然之鬼斧神工。穿越洞后是一个峡谷和一个草坪，无人家居住，田园风光绚丽多彩，似陶渊明笔下的世外桃源。

宝石洞还有一个美丽的传说。相传龙王之女与散旦盘龙村一小伙暗自结为夫妻，以洞为宫，过着男耕女织、相敬如宾的生活。龙王不允，多次降旨，龙女不舍夫妻恩爱和人间平常生活，一直未回。后龙王派将强行将其逼回，并以洪水淹没散旦、款庄、东村一带相威胁。龙女夫妻舍生取义，其夫化作绵延山脉堵住洪水，后成"银凹山"，龙女则守在丈夫身旁，悲伤不已，泪水化成颗颗晶莹剔透、五光十色的珍珠玛瑙落入宫中，后成"宝石洞"。龙王被其真情感动，遂允许二人长相厮守，直到今天。当地人都说，散旦周围到处出水，是个水灵灵的地方，就是龙女夫妻带来的福泽。

宝石洞属富民县重点文物保护单位。

⑱ 马场位于永定境内，属高山草甸。草场宽阔，草质柔美。躺卧于草坪之上，舒适快意。仰望苍穹，大地、蓝天与自己浑然一体，或静或动，别有一番风味。时人以"小香格里拉"称之。

⑲ 龙纳河位于罗免西核山谷中，四周原始森林密布，松涛阵阵，郁郁葱葱，水至清，无色。清晨或雨后，薄雾绵绵，见云雾置身脚下，缓缓流动，不见泉水，但闻泉水淙淙之声，如入仙境一般，让人流连忘返。有称"小九寨"，恐有言过其实。

⑳ 平安湖即现在的花箐水库。水面宽阔，水质清悠，水深两米有余，绵延四公里左右。早些年，因周围村庄经常有孩子落水（当地村民称之为抓替身），造成个别家庭悲欢离合。为祈求平安，当地人把花箐水库唤作"平安湖"。

㉑ 相传元代时款庄李资树和水利村两个男女青年相爱，家中父母强烈反对，两青年为爱殉情。出殡之时，两棺相遇，系棺铁链断裂。时人深感天意所致，遂将二人合葬一处。后人在其墓碑上书有一副对联："青史中不愧同心若水，黄泉下依然相敬如宾。"横批："阴阳合德。"联意朴实无华，书法功力深厚。

㉒ 富民境内土地肥沃，气候变化不大，生态环境较好，盛产鸡枞、干巴菌、松茸、牛肝菌、青头菌、谷熟菌、松露等。味道独特，养生价值极高，为方圆百里所独有。

㉓ 大米为富民特产。因特殊的土壤和气候条件，所产大米色亮质优，颗粒饱满，入口香醇。曾做贡米，二十世纪七八十年代，昆明城里人以能吃到富民大米为自豪。

㉔ 富民盛产葡萄，是省内知名的葡萄生产基地。曾几何时，与禽蛋、板栗、生猪并称昆明的四大基地。富民葡萄味甜、果硕，色泽温润，口感较好。

㉕ 樱桃盛产于富民的罗免、赤鹫、款庄和东村，赤鹫量大，东村质优。富民樱桃，其色唇红，其味甘甜，虽鸟类也爱不释手。但有"樱桃好吃树难栽"之说。

㉖ 富民境内世居汉族、彝族、苗族、回族等民族。彝族、苗族能歌善舞。清河一带的彝族歌舞较为兴盛，有的节目作为非物质文化遗产加以保护。

㉗ 罗免彝族居住较多，尤擅山歌调子。歌词朴实无华，曲调朗朗上口。

㉘ 每逢节日或者有喜庆之事，都要点燃篝火，人们围着篝火载歌载舞，歌唱美好生活。

㉙ 农村每家每户都有一个火塘，大家围坐在火塘周围，有说有笑。火塘上面吊一口锅，可以煮火腿、腊肉、豆子等，香味四溢，甚是诱人。

㉚ 每年农历十月开始，农村开始宰杀年猪，邀请亲朋好友和邻里乡亲欢聚一堂，共庆丰收。有的村落要排队按顺序宰杀，时间绵延两三个月，在此期间大家都不用生火做饭，自有邻里亲朋邀你聚会。

㉛ 上河院和彩玉国际是富民休闲娱乐的主要场所。两地风味小吃、酒吧歌厅、影视厅、美容厅等应有尽有，是年轻人牵手说爱的好去处。

㉜ 严家训（1898—1938 年），字诲诚，汉族，1898 年出生于富民县永定街。牺牲时任国民革命军陆军 60 军 183 师 541 旅 1082 团团长。严家训是抗日战争时期台儿庄战役的抗日名将。

严家训的忠骸安葬在故乡元山村后。出殡那天，富民县城的民众倾城相送。1984 年 11 月 28 日，民政部追认严家训为革命烈士。1985 年，中共富民县委、县人民政府将严家训墓修葺一新，并立了碑，作为富民县的爱国主义教育基地之一。

㉝ 廖新学，汉族，生于1903年12月，1958年3月逝世。云南富民人。擅长雕塑。1944 年毕业于法国巴黎高等美术学校雕刻系。1953 年加入中国共产党。先后获法国春季沙龙艺术之友雕刻金奖、绘画银奖。历任云南昆明师范学院（现云南师范大学）艺术部教授、主任，云南省文联第一届副主席。出版有《廖新学画选》。幼时放牧，后成长为一代艺术大师。

㉞ 富民县小水井苗族农民合唱团是一支由小水井村苗族农民组成的合唱团，其音质优美、悠长，颇富感染力。多次参加国际、国内合唱类比赛获大奖，是富民一张亮丽的名片。特别是 2018 年 2 月 16 日至 3 月 2 日，

富民县小水井苗族农民合唱团应美国纽约爱乐乐团、英国伦敦爱乐管弦乐团邀请，前往美国、英国参加中国新年音乐会。小水井合唱团首次与世界顶级乐团合作，联袂演绎来自云南大山的天籁之音，真正让合唱团走向世界。

㉟ 杜天荣，云南富民人，1981 年去世，时年仅 53 岁。杜天荣 14 岁就到昆明的照相馆学习摄影，还学过美术。20 世纪 50 年代成为一名摄影记者，曾随周恩来总理到德宏参加边民联欢活动。2006 年，云南省委、省政府对为云南文艺事业做出卓越贡献的一批老一辈著名文艺家，授予“云南文学艺术家卓越贡献奖”，杜天荣也是被命名表彰的艺术家之一。

杜天荣曾任中国摄影家协会理事、昆明市工艺美术研究所所长等职。那一时期，他拍摄的 2600 余幅老照片，成了一部用影像叙述的云南“断代史”。他的多幅作品被云南省博物馆和平遥影像博物馆永久收藏。

在杜天荣先生的镜头下，我们得以窥见滇池，这个被誉为昆明人的“母亲湖”，曾经是怎样的甘甜似乳、清澈如碧，哺育着一代又一代的昆明儿女。人们依偎在她身旁，织网捕鱼，日出而作，日落而息。

㊱ 大营三村一带尚有几段古驿道遗址，也是云南“茶马古道”的一部分。电影《山间铃响马帮来》在此处取景。

㊲ 东山学社位于赤鹫平地村，时为一学堂，倡导传统文化教育。内有一古树，相传逾千年树龄。

㊳ 美女峰位于永定西庄后面，山下建有黉学（现为富民一中），是富民早期规模较大的学校，培养出众多天之骄子。

㊴ 相传富民原有“文昌阁”，东村杜朗也建有“文昌宫”。是中国传统文化传承和弘扬的重要阵地和载体，多以能培养出秀才、举人之地可建宫阁纪念。

㊵ 黉学：黉，古代的学校。这里指富民文庙，也称夫子庙。《后汉书 · 循吏传 · 仇览》：“农事既毕，乃令子弟群居，还就黉学。”

㊶ 皇亭子位于永定街中段，原中共富民县委办公楼后面（现为富民县政协）。为四攒尖三重檐，十二起翘的“九五六墨”亭式结构建筑，台基高 1 米，用青石条和砂石条砌成。该亭子于清康熙五十二年（1713 年）始建，用于供奉皇帝万寿牌（跪接圣旨的仪式有时也会在皇亭子进行，圣旨也供于皇亭子内）。光绪二十年（1894 年）重修。1972 年县人民政府相继两次拨款维修，1985 年县人民政府公布皇亭子为富民县第一批重点文

物保护单位。目前，皇亭子基本保留原貌。

㊷ 红军桥位于东村杜朗，红军长征曾经过此地，当地人建此桥以志纪念。

㊸ 红军长征两次经过富民，第一次是 1935 年 5 月红一方面军的红一军团，第二次是 1936 年 4 月红二方面军（即红二、六军团）。

1935 年 4 月 30 日，中国工农红军第一方面军（中央红军）一部从嵩明县进入富民县款庄、东村地区，经高家、徐谷地、多宜甲、沈家、李资树、热水塘、香山龙、下鹤飞、杜朗、摸枝等村，渡过普渡河进入禄劝县境内；一部经赤鹫地区大村渡普渡河进入禄劝境内，后行进至皎平渡抢渡金沙江北上。

县城滨河公园内建有“红军长征过富民”纪念碑，东村也建有“小松园战斗”纪念碑和“红军英烈墓”。

1936 年 4 月，红二、六军团进入云南，准备沿红一军团行军路线，从龙街渡过金沙江。红六军团从瓦场进入富民，经散旦街、十里坡、平地，11 日上午到达赤鹫大村宿营，军团指挥部设在邵家大院，释放瑞士传教士薄复礼。12 日拂晓离开赤鹫，经者北、罗免进入罗次。红二军团从束刻进入富民，经东元村、沙锅村 11 日凌晨到县城周围宿营，前锋红六师十八团奉命监视富民县城，二营、三营驻横街、菜街，一营从小营盘过螳螂川迂回到伍家营一线。大部队从肖家营过螳螂川，在旧城、北邑一带宿营，北邑碉楼是岗哨，军团首长贺龙、任弼时曾上碉楼用望远镜观察县城及周边情况。

㊹ 蕃昌：繁衍昌盛、兴旺发达之意。

目录 Contents

文化韵

FUMIN

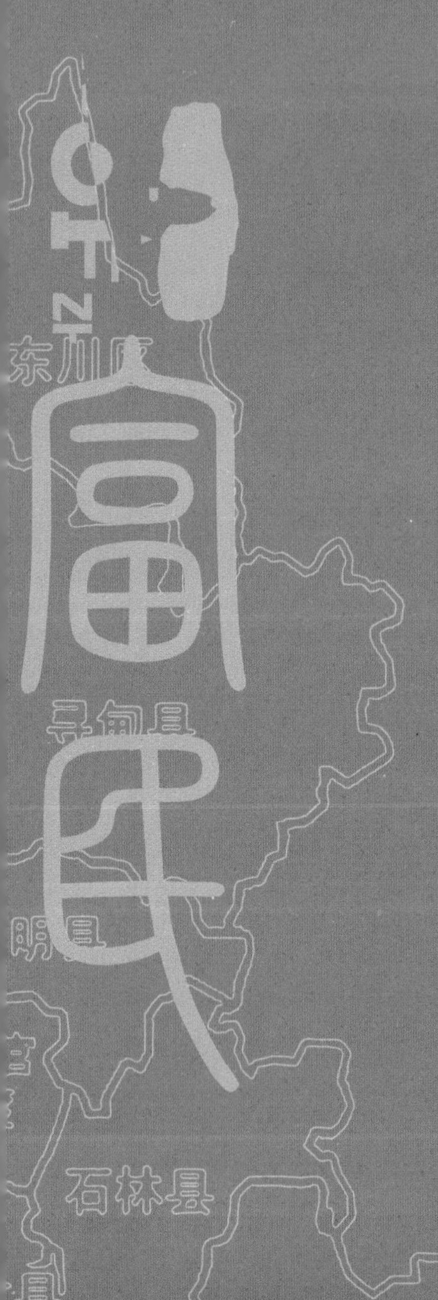

第一章

流韵螳川　厚积富民

从来社稷图永定，自古强邦先富民。富民，既是百姓安乐、国家兴盛、社会进步的美好希冀，也是亘古至今统治者和百姓的共同愿望。山川秀丽、人杰地灵的富民县，自古为川藏、滇北入滇中昆明之要津，被誉为“滇北锁钥”。从益州秦臧到中庆富民，悠悠岁月自来去。霞客探秘河上洞，川畔洞幽；炮火横飞普渡水，桥边水碧。古道悠悠，见证着千百年风云兴替；螳川汤汤，映照着无数的英雄豪情。

从来社稷图永定

元朝至元十二年（1275 年）设置富民县。由此，“富民县”这个响当当的名字一直叫到了 745 年后的今天。螳螂川畔的富民县城有四百余年的建城史，而永定桥迄今刚好见证了富民县数百年的风雨历程。长虹含碧水，天堑渡沙鸥。悠悠北去的母亲河螳螂川、屹立四百年的永定桥古桥墩，向后人们诉说着千百年来的富民往事。

富民县城螳螂川畔、湿地公园边步行街两端，各有一个仿古牌坊，南牌坊（逢源坊）外门立柱上，镌刻着富民本土文人段其昌先生撰写的一副对联：“人心向，则八方同乐，从来社稷图永定；国策弘，即百业俱兴，自古强邦先富民。”此联巧妙嵌入了“富民”“永定”两个地名，而且表达了百姓安乐、国家兴盛、社会进步的美好愿望，这也是亘古至今执政者和百姓的共同愿望。中华民族历来安土重迁，所以有永安、永宁、永定等地名。所以安宁城里螳螂川上有永安桥，富民县螳螂川畔有永定镇，川上有永定桥。

春日早晨，当第一缕阳光从天马山顶泄向富民小城时，住在城南横街的向老伯就提着鸟笼出门，带着心爱的八哥练嗓子去了。出门几步，沿着长不过百多米的菜街一路向西，到了永定街，右转，一眼就看到了花大桥北头的“富民”牌坊。沿着人行道，踱过长几十米、已看不见河水的花大桥，穿过“富民坊”，就是“下桥坡”。右拐，进了螳螂川边的滨河公园，把鸟笼挂在那棵两人多高的夜来香树枝上，向老伯开始了他的太极拳。

只要不下雨，向老伯一年四季每天清晨都要往返于花大桥。

滇北锁钥牌坊

“花大桥”其实名叫“永定桥”。

阅遍全国地名，我始终觉得“富民”这个名字真好——百姓生活富足，这不是古往今来所有执政者最美好的愿望吗？据说富民县某位领导在中央党校学习，同班同学问他：“你们‘富民’这个名称取得太好了。是不是顺应‘强国富民’‘富民兴滇’这些新口号而改的名字？”我们领导非常自豪地说：“我们‘富民县’这个名已经叫了七百多年了！”

的确，富民县历史可谓悠久。先秦时期，富民是古滇部落、古滇国属地。西汉元封二年（前 109 年）在滇设置益州郡，辖秦臧县，今富民县、禄丰县等地属秦臧县的范围。此后一直到隋朝，富民都属秦臧县地域。唐武德七年（624 年）在富民地方置利浪驿，属昆州秦臧县管辖。唐天宝年间南诏政权控制云南，763—765 年，南诏国在今昆明筑拓东城，设拓东节度，今富民属拓东节度。唐大历十年（775 年），今富民曾被乌蛮酋些门些禾所据，在瀼水南筑马举笼城，又名梨瀼

城，富民地方自号梨瀼甸。这应该是富民筑城的发轫。宋大理国时期，在今昆明设鄯阐府，富民属鄯阐节度辖制。一直到元朝至元四年（1267年），在富民地界设置了梨瀼千户所，至元十二年（1275年）设置富民县，属中庆路。由此，“富民县”这个响当当的名字一直叫到了745年后的今天。

这永定桥的来历，就与富民城的几次搬迁有关。古代建城的选址，大都讲究依山傍水，进可攻退可守。乌蛮些门些禾最早修筑的马举笼城（梨瀼城），就位于富民坝子东南端的天马山麓，瀼水河（现大营河）南边，即现在的大营街道旧县村。此后的梨瀼千户所、富民县治所都在这里。因人口增加，县城扩展不开，加之交通不便，明朝万历二年（1574年），县令邓宗臣将县城搬迁到坝子中间的螳螂川北岸（即今天县城所在位置）。后来又因螳螂川水患，万历十年（1582年），县令钱贵把县城迁到离河稍远、土主峰以东的今旧城村。时间不久，因此地缺水，汲水不便，万历四十二年，即1614年，县令许成德又把县城迁到螳螂川北岸旧地，垒土为城，并为县城取名“永定”，寄寓永远安定，再不搬迁之意。四年后又筹资在南城外螳螂川上建起了“永定桥”。从此四百年来，永定桥一直雄跨在螳螂川上，富民县城也一直就矗立在螳螂川北岸。

如今，我们站在每天经过、改建后已经看不见螳螂川流水的永定桥上，回想相关史料记载和民间记忆，脑海里会不由得浮现出旧

1948年富民永定桥

时那雄伟而精美的永定桥——明桥长 70 米，建有 4 个船形桥墩，5 个桥孔，每孔跨度 10.4 米。桥墩全部用巨大的条石垒砌而成，两头呈菱形，每个长 20 米、宽 4.3 米、高 8 米。因建桥工程艰巨、精细，至今 400 多年，桥墩仍坚固结实。桥面是平行木结构，宽 12 米，用直径 0.5~0.6 米粗、12 米长的黄连茶树做过梁，过梁上面用松木板铺平钉牢。桥面上建盖着古色古香的瓦屋 20 间，屋架二梁中间的两侧，装饰成扇形木雕，绘有人物、山水、花草、禽畜之类图案，称之为“三十六把花扇子”。桥内人行道两侧各有 36 个廊柜，两廊共计 72 个，专供小商贩经营日用百货、小吃等。桥头两端竖着雕刻有龙凤图案、高达丈余的古牌坊，北头叫“长虹映碧坊”，南头叫“凌云天堑坊”。川水如镜，河岸绿柳成荫，碧波中呈现出一幅壮丽的美景。每逢街天，桥面上摆设得花花绿绿，五彩缤纷，琳琅满目，热闹非凡，周围百里过路的人无不赞赏，故有富民“花大桥”之称。

桥房外靠北面的桥墩上猪嘴（桥墩顶端），建有火宫殿，下猪嘴上建有水宫殿。殿内分别供奉有火水灵官，保佑大桥安宁。靠南桥墩的上下猪嘴上，建有魁星点斗式八角亭各一

1945 年富民永定桥（花大桥）

座，亭内设置连亭座椅，可供行人小憩。亭外安装护栏，以保安全。亭内还有历代修缮永定桥的碑记。可惜这些碑文古迹，于 1952 年以后全部被毁坏。幸好，县志里留下了康熙年间富民士子杨撝秀一首诗——《饮虹亭（在永定桥）》。

孤亭临绝涧，时见此涟漪。
隔岸千峰山，中流一柱支。
打船花雨疾，依槛柳烟迟。
忽起伊人慕，遥遥寄所思。

伫立永定桥上，滨河小城的美景一览无遗。春末夏初，天朗气清，清风拂面。川水清澈，两岸绿柳成荫，碧草茵茵。河中沙洲块块，鹅鸭嬉戏。水中青苔飘摇，鱼虾成群。岸边，披蓑戴笠的垂钓者悠闲无比；船上，泛舟撒网的渔翁收获满满。夏末秋初，树梢黄鹂鸣翠，草丛秧鸡咕咕。川水波涛翻涌，浪花飞溅，犹如

1 2 1990 年永定桥旧貌

蛟龙翻滚。

古老的永定桥，见证了富民数百年发展的历程。古老的永定桥，如果有记忆，应该也记住了从桥上走过的千千万万贩夫走卒、达官显贵、文人骚客或匆忙或悠闲的足迹。

现在的永定桥北端，还矗立着一座石牌坊，正面丹书“富民”，背面题刻“滇北锁钥”。富民历来是川滇古道重镇，从昆明出发，经富民县城，从罗免镇的小甸一带进入禄劝、武定，再经过元谋过金沙江到达四川，然后直通京城。是元、明、清时昆明连接中原的一条重要通道，走向跟现在的国道基本一致，地位相比应该更重要，因为当时没有航线和铁路。

明崇祯十一年（1638 年）十一月初十日，就在永定桥建好二十年之际，天尚未明，永定桥就迎来了一位扬名后世的过客——徐霞客。那天早晨，霞客先生和仆人、挑夫由富民县城东的大哨（今富民县大营）出门，一路往西，来到了城外永定桥。霞客先生此行由昆明出发，准备经富民、武定到元谋，然后转道往鸡足山。眼前，“大溪汤汤，大水奔流，即螳螂川也。有巨石梁跨川上，其下分五巩，上有亭。其东西两崖，各有聚落成衢，是为桥头。过桥，西北一里，即富民县治”。这就是徐霞客先生眼前的永定桥。

那时的永定桥的确雄伟，据几十年后成书的《康熙富民县志》记载：“高可数丈，上覆瓦屋二十间，远望如空中楼阁。又称为‘天河桥’。”也许是行色匆匆，游记中没有过多记载。设想中，霞客先生当时应该是这样过桥的——由于两岸构筑了高台，形成了桥坡，再加上由大哨一路行来已经几里地，所以顾仆和挑夫由南桥坡爬上去都气喘吁吁了，刚一进桥房下就坐下歇息，霞客先生也就歇一下。天色还早，桥北不远处的城门还未打开，几十丈长的桥上空无一人，两边桥房里空空荡荡。桥房两端，“凌云天堑”坊和“长虹映碧”坊雕梁画栋，造型精致。从桥房窗子探出头远望，江水浩浩荡荡由城西群山中奔涌而来，到了城边田野，水势渐缓，清澈的江水在两岸垂柳间缓缓流过。上游不远处，一个渔夫系舟垂柳下，正在从小木船中往岸边搬鱼，看来是夜渔归来要赶早市呢。低头看，四个巨大的桥墩，一字排开，船形，都用三尺左右长的条石砌成，高高地承托起桥面。刚坐下，正好有一个农夫挑了一担菜，缓缓爬上了桥头，也坐下歇气，霞客先生于是和他攀谈起来。农夫说：“这座桥叫永定桥，不过我们一般就叫‘花大桥’。现在还早，您要是逢赶街天（每月三、六、九日）来，桥房里两侧几十个廊柜摆摊卖东西的，货物五花八门，人流摩肩接踵，可热闹了！所以人们叫它‘花大桥’。”“你看，正中两个桥墩猪嘴（顶端）上有石雕犀牛，抬头向上。洪水泛滥时，它们会发出号叫声，越来越急，警诫人们赶快防洪，以免遭受祸患。说来也神奇！”说话间，城门

开了，大家起身过桥，下了桥坡。到了城门外，农夫、顾仆、挑夫径直进城，霞客先生则从城外小道顺北逆流而上，寻头天在沙朗听说的富民“老虎洞”去了。

富民旧城就在永定桥北。穿过“长虹映碧”坊，是约20米长的下桥坡。青石板铺成，坡中砌有台阶5级。往前行一两百米，就到南城河、南城门。徐霞客路过时，富民县城还是土城墙。两年以后的崇祯十三年（1640年），县令王孙齐才把土城墙改建成了青砖城墙，高两丈，城墙外还有宽一丈二尺、深五尺的护城河环绕，东西南北四座城门，上面还建了巍峨的城楼。据说，在云南省，有城墙的县城不少，可城墙外有护城河的古城唯有富民。对这个说法，我没有考证过。况且，许多地方的古城也如富民一样毁坏殆尽。如今，当我们到处去寻访古城古镇的时候，才发现可以寻访到的实在是寥寥可数。到过几处古城，好像真没有哪座古城有护城河。

以前还有一个说法：“富民县城是云南省唯一有江河穿城而过、名副其实的‘江城’。”年轻时外出机会较少，到过的地方不多，也无法考证真伪。不过，富民还真是一座“江城”。湿地公园旁2012年新建的两个牌坊，面向社会征集牌坊名称，结果好几个应征者答案相同：南牌坊叫“逢源”，北牌坊叫“玉屏”。理由很简单，也很充分：富民县城被螳螂川

1990年永定桥旧貌

1948 年永定桥全景

分为两部分，以前就把川南叫逢源镇，川北叫玉屏镇。

一城春色铺锦绣，千载人文映螳川。

螳螂川的源头是“高原明珠”滇池。史书记载“富民河，自连然盘折而来”。从海口流出滇池的螳螂川，流经安宁城、温泉，穿越了青龙峡后，平缓的水流随着山势逐渐湍急，一路奔腾，跨过石楼梯峡谷，从白脸岩、河上洞下奔涌而出，由西南流入富民坝子。于是，水势放缓，河水又变得温婉，江水如带，萦绕群山，在富民县城穿城而过，把县城分为南北两半。河水灌溉了两岸千万亩田畴，滋养出一片沃土，先辈们在这片土地上培育了精耕细作的良法。蜿蜒流淌的螳螂川，哺育了沿岸代代乡民生生不息。“柳市村村接，松灯点点明。家家倾蚁酒，夜夜烩鱼羹”呈现的几百年前螳螂川畔的美好景象。螳螂川，是我们富民实实在在的母亲河！

严格地说，富民古城，指的是川北的玉屏镇。在史籍记载和老辈人记忆中，富民城实在袖珍：城墙周长只有 360 丈，平均每方不足 300 米。旧时有个说法，县太爷在县衙审案子，全城都可以听到打板子的声音。不过，麻雀虽小五脏俱全，作为县级政治中心，富民小城不但有县衙、典史公署、县学、儒学教谕署、训导署等官方机构，而且寺庙庵阁宫殿齐全。城内的永定街、东南街、西北街、白衣庵街、永南街和城外的前街、后街、横街、逢源路纵横交错。城内与城外，就靠一座永定桥连接。

富民城小，富民县也小。现今地域也不到一千平方公里，若在民国及以前，东西、南北宽不过六七十华里之地，人丁不及三万。不过，县城所在的富民坝子虽只弹丸之地，却是气候温和湿润、土地平坦肥沃的好地方，加之螳螂川从坝子中斜穿而过，灌溉便利，一切农作物都有良好收成。风调雨顺，人少地多，百姓能致力于耕种，春有小麦、蚕豆，秋收稻谷、玉米。因此，境内百姓男有余粟，女有余布，可算安居乐业，生活富庶。衣食足而知礼仪，富民小城可谓地方安靖，人民多福。每月逢三、六、九日，小城赶集，四乡之民摩肩接踵穿过城南永定桥和城北登仙桥，涌入县城，城内几条街巷到处熙熙攘攘，家禽家畜塞满市，土杂山货摆断街。每到傍晚，乡下来卖烧柴、栗炭、竹凳、草烟、牛羊、猪仔、鸡鸭等等的男子，一个个从餐馆里喝得歪歪倒倒地出来，一路跌跌撞撞回家。据说，民国时期的富民县城仅有常住居民三四百户，大小餐馆竟有二十多家，且市场上鸡鸭鱼肉摆得满满当当，足见富民实在是吃货聚集之地。所以民间有这样的说法："富民士庶重口腹，直不让于玉溪人。"

《尚书》有言："德惟善政，政在养民。"历代做富民县父母官的人也可谓多福。据说，清光绪年间的富民县令，每年只需受理牛马踩踏稻谷、误食庄稼之类的"案件"十多件，至于杀人越货之类需要"打板子"的大案，几年都碰不到一次。所以，做县官者，完全可以或放心地锦被蒙头而卧治，或逍遥地遍游境内盛景。富民的河上洞、灵芝寺、九峰山等名胜之地，留下了明清时期富民县令的许多题咏，应该也是承平时世的证明。如果说被朝中党争倾轧排挤出京的欧阳修是把政治失意、仕途坎坷的内心抑郁和苦闷寄情于山水之间，消融于与民同乐之间，那么，我们读富民先贤的诗文，根本读不出这种失意，只有满满的家国之思和爱民之情。所以，清康熙时富民县令张钥在《醒心亭记》中写道："故居上者常醒此心以驭下，则平情率物，政刑得理，庶绩咸熙；在下者常醒此心以奉上，则勤力役，急输将，乐善循理，而顽梗嚣薄之习以驯。"

古老的富民，城叫"永定"，桥也叫"永定"，可只能是一种愿望。造化并不因富民的富庶和富民人的善良而不降临灾祸。几百年的历史进程里，富民城和永定桥也多次经历劫难——洪水、火灾、地震、兵祸、匪患……城墙一次次坍塌、重修，桥房一次次被焚毁、冲垮，再重修。仅清康熙十七年（1678 年）至光绪五年（1879 年）的两百年间，永定桥就被螳螂川洪水冲毁三次，桥房、牌坊被大火烧毁两次。康熙四十年（1701 年）发生地震，城墙坍塌几十丈，民房损毁无数，城西南山崖崩塌，黄尘遮天蔽日。

在这样的损毁、修复，再损毁、再修复的循环往复中，一个又一个世纪过去了，一个又一个朝代远去了，一拨又一拨过客来了又走了。

富民作为川滇古道重镇，历朝历代均为兵家必争之地。

明末，土司沙定洲叛乱，占据省城，奔袭武定。途中攻陷富民城，烧毁城池。叛军攻城之时，富民乡民段有才、段国祚等人不畏强暴，召集民众奋起抗敌，拆毁永定桥，据守城池。后来，叛贼由下游浅水处涉过螳螂川攻城，段有才率领数十骑出城进击，杀贼数百人。

富民历史上最惨烈的事件发生在清顺治四年（1647 年），李定国率大西军据滇，刘文秀率军袭武定，途经富民。抵达高仓（今罗免镇高仓村），因为这里有武定所屯粮，其部下以为这里属于武定地界，于是抓捕村民几百人，残忍地砍断了他们的手脚。

康熙十二年（1673 年），吴三桂叛乱，其女婿郭壮图留守。为盘剥更多资财供应前线叛军，郭壮图把富民县境内多处原沐氏庄园的田产剥夺，大肆掠夺百姓银两，百姓苦不堪言。

清末咸同年间，杜文秀军队七次攻占富民，民国屡次匪乱，富民生灵涂炭……

乱世人命如草芥，王朝兴替，百姓何苦！岂不闻张养浩说："伤心秦汉经行处，宫阙万间都做了土。兴，百姓苦，亡，百姓苦！”历朝统治者都希望能风调雨顺政通人和天下太平，可治与乱的循环，犹如魔咒一样，再兴盛的朝代，再圣明的君王，都无法摆脱。

当然，富民永定桥也留下了光辉的革命记忆。1936 年 4 月，为跳出国民党中央军和滇军的围追堵截，顺利通过普渡河（螳螂川）西进，贺龙率领的中国工农红军红二军团决定攻打富民，造成威逼昆明态势，于 11 日下午来到了富民。因常备队困守县城，永定桥易守难攻，部队从县城螳螂川下游涉水渡过螳螂川。傍晚，贺龙亲自在城西的北邑村碉楼指挥，先头部队十八团发动进攻，占领富民县城，团政委杨秀山亲手枪毙了伪县长郝煊。萧克率领的红六军团也从赤鹫渡过了螳螂川。第二天，红二方面军离开富民，进入罗次，粉碎了敌人围歼二、六军团于功山以南、普渡河以东的阴谋，一路向西而去。

幼时常听父亲说起富民城墙和城楼，可我从没见过，原来在1953年就被拆毁了。关于永定桥，也没有桥房的记忆了。好在，历经几百年的桥墩仍在。那已是三十多年前。记忆中，永定桥的桥面已是水泥路面，桥两边的菱形桥墩上，周围有墨石砌筑的护栏，中间空地上后来还安放了墨石桌凳，供路人休息。南桥头，有一家照相馆，二楼露台上拍照，背景就是永定桥，父亲至今还珍藏着两张全家福，那是我上初中和高中时期的了。夏季站在桥墩下口顶端，只见滚滚洪流从桥下汹涌奔出，卷起一个个大漩涡，木头、树枝、南瓜、死猪、死鸡等等在波涛中翻滚，大鹅、鸭子惊慌地浮在风口浪尖飞速而下。不涨洪水时，就有一些勇敢的少年在江中搏浪，有的还绕到桥上，从桥墩上跳下去，吓得路人胆战心惊。十来米远才钻出水面，顺流游向岸边。说起来，我少时还偷偷地跟着几个顽皮的同伴，从乡下到城里去“跳大桥”练过胆子。冬季，桥下又是一番景象。江水轻流，碧波荡漾，偶有渔船从桥洞里划过，江边垂柳下，还有人悠闲地垂钓。

遗憾的是，如果你现在到富民来，已难寻觅永定桥的雄伟景象。1952 年进行改建时，拆除桥面的桥房、廊柜，桥墩高度降低了 1 米；

2004 年，又在桥面人行道两边建设了两排二层瓦屋面建筑，全部作为商铺。如今，走在永定桥上，已经看不到江水了。永定桥几百年来一直作为“滇北锁钥”的重要节点，如今成为富民县城最繁华的街区，只允许小车和行人通行了。现代商业模式下的桥梁，实在可悲啊！

旧时城中的县衙、书院以及十多处寺、庙、庵、阁、宫、祠等，也都于 1950 年以后拆毁，只有始建于康熙年间的皇亭子和位于城外的文庙幸存。

二十多年前，在县城上高中，地理学科讲到城市规划和环境问题，书生意气的我，曾经和同学大胆放言：“除了几公里以外的 108 国道麦竜大桥，整个富民坝子只有一座花大桥，将来随着城镇化的发展，应该在花大桥上游和下游城外各建一座桥。”果然，二十多年以来，永定桥上下游又建起了黎阳桥、富民桥、昆禄公路螳螂川大桥、武昆高速螳螂川大桥。桥梁的增多，也是富民经济社会发展的体现，富民，这座螳螂川畔的江城，变得更加富庶兴旺，更加和谐安宁了。

想起了富民本土诗人张建明为永定桥题写的一副对联：“天堑凌云，百年风雨堪永定；长虹映碧，两岸人家是富民。”

山间铃响马帮来

“滇北锁钥”，富民，曾是秦汉“蜀身毒道”（南方丝绸之路）西线“灵关道”支线的重要节点。千百年来，滇川古道富民段迎来送往过多少官员、士子、军队、叛匪、商旅……斑驳的阳光从树影中透过，古道上的一块块石头，经过长久的马踏人踩，依然光亮无比，如同一轴摊开的历史长卷，唯有风沙来浏览，唯有细雨在阅读。

“一条路带来了希望，一条路撑起了天堂。想问这条路到底有多长，究竟穿越了多少时光？ 这条路驮起了风霜，这条路承载了沧桑。 古往今来，依旧人来人往。 更多故事，就在路延伸的前方。”

几年前，一部电视剧《山间铃响马帮来》的热播，重新勾起了人们对中华人民共和国成立初期云南边疆少数民族地区那段军民鱼水战斗生活的记忆。但在老一辈富民人心中，它还勾起了另一段记忆：1954 年，根据白桦同名小说改编的电影《山间铃响马帮来》曾在富民县完家村后的古驿道和荞地山村后柏树林里拍摄。

一

一条窄窄的山间小路，夕阳的余光为它染上了一层金黄，层层叠叠的绿树丛中，传来了清脆的铃铛声。远远地，望见

三村古驿道

一条流动的长龙，这就是茶马古道上的马帮。赶马人、马匹、马铃、堆得高高的货物，在过去的许多年代里，云南人就是靠着这个画面联系着山外的世界。也许，你知道丝绸之路通四海，却不知道悠悠千年的茶马古道上，山间铃响马帮来；也许你知道三山五岳闻名遐迩，却不知道横断山脉跨西南，五岭逶迤腾细浪。马帮，作为云南特有的交通工具，已经存在了两千多年，一直到20世纪中期才基本消失。取而代之的是云南公路、铁路、航空运输的大发展。路是走出来的，好路是修出来的。走的人多了，就需要修筑好路，修建好桥，古代也罢，现代也罢。从一个地方古道的长短宽窄，古道网的稀疏密集，古桥梁的历史远近，即可看出这个地方古代经济社会曾经的繁荣与凋敝。

几年前去过盐津豆沙关。清晨，游客稀少。漫步关前，在五尺道的青石板间寻觅着先秦的足迹，突然对面石阶上来了一群人，只听一个年近五十的男子操着本地口音在解说："人们常说这豆沙关是五道并行——先秦古道、朱提水道、川滇公路、水麻高速、内昆铁路。其实应该是六道并行，大家不信抬头看，天上还有民航客机飞过。这是我偶然发现的。哈哈哈！”的确，我们不得不佩服古人的智慧，出于地形、经济等等因素的限制，古代交通要道上的许多关隘、峡谷都作为必经之路。其实现代公路、铁路线上，这些地方也是难以绕过去的。远到丝绸之路上的河西走廊，近到昆明碧鸡关，再近到富民完家村后的滇池古道。

作为“滇北锁钥”，富民，曾是秦汉“蜀身毒道”（南方丝绸之路）西线“灵关道”支线的重要节点。灵关道的走向大体与今 108 国道川滇段一致，由成都经雅安、西昌、会理、元谋、武定、富民到达昆明，历代的川滇古道直到当代的 G5 京昆高速都大致沿这一路线。云南驿道的大规模发展，始于元代。当时中庆路（昆明）至元大都（北京）的主要通道就是如今的京昆高速这条线路。作为昆明的北大门，明洪武十五年（1382 年），富民首设驿站，名曰利浪驿。富民通往昆明的驿道主要有三条，即三村道、山心道、清水关道。其中三村道较为便捷，由富民县南关起，经现今的大营、沙锅村、陈家村、完家村、三村、二村、头村、李子坪、天生桥、水节箐、普吉、王家桥到达昆明大西门。这条古道从富民到李子坪段，基本溯阿夷冲河（今大营河）而行，道路比较平坦，但也有几处险峻之地不得不绕行。

完家村与三村之间的三村大箐，就是这样的地方。这里两山夹峙，形成宽仅三四十米的深谷，因河谷狭窄且落差较大，河水凶猛奔涌而下，冲击两岸绝壁及河中巨石，激流声响彻山谷。修建于 20 世纪 60 年代的昆明至富民公路就是靠挖掘、爆破河左岸山坡，硬在狭窄的河谷中“挤”出了一条公路，成为 108 国道的一段，后来又扩建为昆禄二级公路。前几年，修筑武昆高速公路，仍然避不开三村大箐，但山谷中实在容不下一条四车道的高速公路。于是只有从河右岸爆破、挖掘悬崖，扩开山谷，架高路面，好不容易才让高速路从深谷中“S”形穿过。如今，如果爬上山岭，我们也可以俯瞰三村大箐中“三道

河上洞石刻

并行”的奇观——中间的大营河，飞湍瀑流咆哮而下；南侧的昆禄公路，货车客车蜿蜒而上；北侧的京昆高速，大车小车飞驰而过。

其实这里也不只三道并行，除了偶尔从空中飞过的飞机，还有南边岭上的川滇古驿道。

距富民县城六公里的完家村，坐落于大浪山罗鬼岭下，就在三村大箐出口。这是一个古老的小山村，关于这个小村的来历，《昆明风物志》还有一段记载：明太祖朱元璋推翻元朝，云南梁王政权覆灭，梁王臣子完者都逃离昆明，一路被明军追赶。追至富民三村大箐，完者都藏身于箐内石洞中，追兵至洞口，看到洞口布满蜘蛛丝网，洞口大树下有一死马骷髅，追兵撤离该处，完者都才得以脱险。完者都脱险后就在该地阿夷冲边一户人家入赘隐居，后代有完者金花、完者银花、完者鲜花三子。三大支系子孙繁衍众多，形成村落，改阿夷冲为完家冲。自元、明清以来，完者氏族与汉族居处，言语、风俗习惯，受汉族融合同化，情同汉人。据有关专家考证，完氏实为蒙古族的后裔。完姓后人为怀念完者都始祖，故在始祖脱险处建盖马

王山神庙以谢马王显灵救主之恩，供后人朝拜。

这马王山神庙就在村后的古驿道边。

顺着明熙苑度假山庄后山竹林深处的曲径拾级而上，竹林尽头是一个绿地大平台，平台芳草萋萋。平台上空几棵古老苍劲的清香树枝旁逸斜出，让平台显得格外清凉。有一股不到筷子粗细的泉水，从树根下面岩石上叮叮咚咚滴沥而下，下面汇成一潭半张桌子大小的清泉，全石以为底，水尤清冽。从树下穿过，出现在眼前的就是一条古驿道。一条条、一块块青石铺成的石阶层层叠叠，从蓊蓊郁郁的树林间蜿蜒而上。我想，马帮从这经过时，赶马人肯定是光把马儿牵到水潭边，让马饮足了水，再到大平台上吃着草。赶马人才掬几捧清泉解解渴，坐在路旁的石头上，斜靠大树掏出烟斗，惬意地吐着烟圈，快活地侃着天南地北。

现存驿道的第一级台阶中间有一块石头上，清晰地刻着一个“完”字。石阶右边就是袖珍的马王山神庙，庙里供奉着三位菩萨。庙前有两副楹联，其中一副“千里龙腾归此地，锦山

三村古驿道

秀景神仙居”，写出了这里山明水秀的景致。

从明熙苑山庄翻过大浪山罗鬼岭到达三村对面，这条残留、近三公里的古驿道，我曾走过多次。沿着光滑、古朴的青石板迤逦而上，时而层层铺设的台阶，时而高低不平的石道，古道就这样在丛林中延伸，马蹄印在石道中频频出现。顺着昔日的繁华古道一路走来，看着斑驳的石板里隐约的马蹄印，似乎还能听到历史深处急促的马蹄声。马蹄声呜咽，留下了深深的历史与血泪的印记。一个个马蹄印，深深嵌在一块一块的石头里。这些马蹄印是赶马人和马儿成千上万个日夜奔走不息的活生生的足迹，我想马蹄印就是茶马古道留下的魂。由于前两天刚下过雨，石头的深窝里装满了水。低头端详，水中有清晰的马蹄的形状。水中的马蹄印亮晶晶的，就像明澈的瞳仁，倒映着蓝天、白云和古驿道旁的树影，浮现着许多从这条古道上走过的先人。

元政府一统云南，建立云南行省，首任平章政事赛典赤·赡思丁来了。他是由四川进入云南的，走的就是这条驿道。他在云南建行省、兴儒学、修水利，对云南政治经济文化事业的发展贡献很大。

一场荒唐的“议大礼”案，为云南送来了状元杨升庵。杨升庵寓滇三十余年，足迹遍及滇西、滇南和滇中，对云南文化的发展可谓贡献巨大。其间往返于云南与四川多次，还曾率领家丁步卒平定了武定凤朝文作乱，肯定也在这条川滇古驿道上留下了串串足迹。

千百年来，无数的官员、士子、军队、叛匪、商旅在这段古驿道上留下了足印。当然，更多的是古道沿途的平民百姓——马

❶ 小松园永安桥

❷ 古驿道

铃叮叮当当，少则几匹多则数十上百匹马的马帮；或三五成群或单人单挑，大汗淋漓、步履艰难的挑炭人；一路吹吹打打，或抬轿或骑马的迎亲队。

二

明崇祯十一年（1638 年）十一月九日，滇川古驿道富民段迎来了一个匆匆过客——徐霞客。他由昆明沙朗顺着大营河、过头村、二村，进入富民境内。《滇游日记之四》对险峻的富民三村段有如此记载："村（二村）之西有坞北出，横涉而过之。半里，复上坡，随南山而西，上依危崖，下逼奔滩。五里，有村在西北，是为三村。至是南界山横突而北，北界山环三村之西，又突而南，坞口始西窒焉。路由溪南跻北突之坡而上，一里半，抵峰头。其峰北瞰三村溪而下，溪由三村横啮北峰之麓，破峡西出。峡深嵌逼束，止容水不容人，故路逾其巅而过，是为罗鬼岭，东西分富民、昆明

古驿道

之界焉。过岭西下四里，连过上下鬼罗两村，则三村之流，已破峡西出。界两村之中而西，又有一溪在北坞来，与三村溪合并西去。”

如今，峭壁巉岩夹峙的三村大箐容纳了大营河、昆禄公路和武昆高速，可几百年前却容不下一条驿道。当年的徐霞客先生，只有沿着这段青石铺就的古道翻越罗鬼岭，然后下山到达完家村。再顺着大营河，经今天的陈家村、沙锅村，天黑以后抵达大哨（今大营村）找人家投宿。

十一月九日一大早，徐霞客便启程，从永定桥过螳螂川，然后逆螳螂川而上，游览富民河上洞。虽几次迷路，仍游兴未减，独自探洞，并留下感叹：“余虽未穷其奥，已觉幽奇莫过，次第滇中诸洞，当与清华、清溪二洞相为伯仲。而惜乎远

古驿道

既莫闻，近复荒翳，桃花流水，不出人间，云影苔痕，自成岁月而已！”

游了河上洞，徐霞客原路返回到永定桥边，从南门入，北门出，匆匆穿过富民县城，继续沿着川滇古道往北而去。到石关哨（今永定街道南营哨箐村）吃过午饭，一路丈量着富民县城到者北街的距离，记录着富民县的这些古老的村庄，到了者坳关（今罗免镇者北街）——这个当年富民、武定边界的小镇。

过石关哨，“（从今南营石桥）路溯之北，八里，又逾其坳。坳不甚峻，田塍叠叠环其上，村居亦夹峙，是为二十里铺（今北营）。又四里为没官庄（今张弯），又三里为者坳关”。

富民县城到者北街这段十几公里的路程，我也曾丈量过几百次——骑自行车、坐货车或黑面的、自驾车；108国道、昆禄二级公路、武昆高速公路。只是，从来没有步行过，没有霞客先生那种或艰辛或亲切的感受。父辈们当年赶者北街，挑着糍粑、饵块进去，挑着栗炭、猪仔回来；或与生产队男社员一起从矣沙每人挑着一百多公斤的硝土回来撒稻田，这些都已成为传奇。

只是，霞客先生游记里记载的者北街，我脑海里是那么明晰：“其处坞径旁达，聚三流焉。一出自西南峡中者，最大，即白泥塘山后之流也，有石梁跨其上，梁南居庐，即者坳关也。越梁西北上一里，复过一村庐，又一小水自西峡来，又一水自西北峡来，二水合于村庐东北，稍东，复与石梁下西南峡水合而东北去，当亦入富民东北螳川下流者。”

我曾在位于者北街的富民县第三中学（现罗免民族中学）工作14年。

者北街是一个依山傍水的小镇，几条山脉汇聚之处，形成了一个“Y”字形小坝子。清澈的龙纳河，由禄丰境内顺着西核、罗免一带山谷迤逦而来，由西向东从小镇边潺潺流过，东行几公里后到赤鹫汇入了螳螂川。镇北，原有一座独拱石桥横跨龙纳河，当地人称大石桥。以徐霞客先生的记录，南桥头就是者坳关的关哨旧址。

二十多年前我到者北街的时候，已经不可能有什么旧迹可寻，连大石桥也因 1965 年修建富禄（富民至禄劝）公路而改建成了钢筋混凝土桥梁，“大石桥”只存在于老一辈者北人的记忆中了。据说这大石桥称得上雄伟：长 15 米、宽 6 米、高 15 米，远望如一弯新月跨越曾经波涛汹涌的龙纳河。桥面青石板上，深深的马蹄印迹清晰可见。

马蹄印是千百年来南来北往的马帮留下来的。据老人们回忆，1949 年以前，者北街老后街上开设有马店六七家，可以容纳骡马近三百匹，常年受马店雇佣割马草为生的有二十多人，为马帮打制马掌的铁匠铺四家。其余旅店共二十家，羊汤锅、烤鸭店及各种餐馆十多家，茶馆、豆腐店、土杂店等等若干，甚至还有大烟

古驿道

古驿道

馆。者北街的繁华可见一斑。

老后街现在还在，只是水泥路已经取代了布满马蹄印的石板路。二十多年前还可以见到沿街一溜矮小的木板铺面的旧土坯房，如今都不见了行迹。好在，街边那眼古井还在，井口那由整块青石雕琢而成的井栏石上，一道道滑溜溜的凹槽，见证着者北街的历史。井水，依然一年四季清澈如镜，冬暖夏凉。老后街附近的许多人，现在还喜欢到井边漂洗衣物。

380 年前的那个下午，者叻关的茶馆、羊汤锅、旅店都没有留住徐霞客匆匆的脚步，因为这里不是他当天的目的地，顾仆早已经往前走了。可是这老井水，肯定润泽过他干渴的喉咙。午饭后从石关哨出发，二十来里路程，最少两个小时的步行，霞客先生没有理由不汲一瓢老井水解解渴。

三百多年前徐霞客记载的三条小河，如今也没改过流向，只是流量减少了许多。大石桥下游百多米，一条清澈的小河由北面汇入了龙纳河，这是发源于罗免青山的青罗河。逆青罗河往北一公里多，又接纳了一条小河——小平坝河。两河交汇处沿青罗河往西两三百米，就是小者北村。这个现在也只有几百人的小山村，就是古代富民北部边界第一村。村北青罗河上，原来也有一座独孔石拱桥，叫平桥。平桥长大约十米，桥上有廊房。过桥就开始爬鸡街坡，坡半腰就进入武定县地界。

由于有亲戚在那儿，我对小者北并不陌生，而且许多年前就已听说过这座桥。其实平桥早在三十多年前就被洪水冲毁，只有两岸桥基还在。2017 年 5 月 3 日，我随云南省富民县徐霞客游线标志地认证专家组到小者北平桥遗址实地考察。正值春末夏初，小河依旧那样细瘦，鹅卵石遍布的河滩上，清清的河水潺潺流过，村民们在河中放了几块不大的石头，踏着石头就可以走到对岸。两岸的桥基大概有三米高，由一块块基本规整的条石砌筑而成，一看就知道有些年代了。北岸桥头，相关部门前几天刚刚做了一块古色古香的镀铜标志牌：“富民‘霞’踪，流芳岁月，徐霞客游富民第四站——者北街。”背面是“徐霞客在富民游线图”。

相对于川滇古道三村段、河上洞，这个平桥遗址并没有什么旅游价值；相对于永定桥，这个平桥遗址也没有多大的文物价值。而且，这里是小者北村，而不是者北街。不过，者北街的“者坳关”遗址已经无处找寻，大石桥已经面目皆非，小者北村的平桥起码还有桥基存在。过桥爬鸡街坡一公里多，就到了武定地界。所以此桥可算徐霞客当初过富民的最后一站了，相关部门立牌用意恐怕在此。

“过村庐之西北，有平桥跨西峡所出溪上。度其北，遂西北上岭。其岭盖中悬于西北两涧之中，乃富民、武定之界也。盘曲而上者三里，有佛宇三楹，木坊跨道，曰‘滇西锁钥’，乃武定所建，以为入境之防者。又西上一里余，当山之顶有堡焉，其居庐亦盛，是为小甸堡。有歇肆在西隘门外，遂投之而宿。”

虽然已经有三十多年的徒步出游经历，但我想五十多岁的霞客先生这一日也不算轻松。早晨天不亮由富民大哨（今大营）出门，翻山越岭，几次迷路，终于找到河上洞。返回经县城到达小者北，还要爬上几里长的鸡街坡到达坡顶的小甸堡（现在的小甸村委会）才歇息。初步估算，这一天行程恐怕三十公里以上。

饥肠辘辘、口渴难耐的霞客先生，由小者北平桥开始爬鸡街坡，山路崎岖，有时还陡峭，可他仍不忘记观察山脉走向：“其岭盖中悬于西北两涧之中，乃富民、武定之界也。”鸡街坡，因坡顶有村寨名为“鸡街”而得名。以前在富民三中有一个同事老家就在罗免镇鸡街村。据他说这个地处荒山僻岭上的小村子古时候曾经是一个集镇，因地处富民入武定的交通要道繁华过一段岁月。因逢属鸡日赶集，故名鸡街。这就是徐霞客那天晚上留宿的武定府小甸堡。现在只是富民县罗免镇小甸村委会的一个自然村。

几十户人家的鸡街村，现在还有几幢百年以上的民居。走进一家院子，主人从三层小洋楼里走出来热情地迎接，然后指着旁边破旧的土坯青瓦两层楼房说，他们家祖辈就在这房子里开客栈。我们一看，那楼房现在已经破败废弃不用了，但从木质板壁镶造的整个前厦，仍可想象以前的豪华模样。

专家组的工作态度非常严谨，非要实地考察一下鸡街坡的古道遗迹。于是我们逆着霞客先生前进的方向，从鸡街村步行下坡往小者北。据当地老人介绍，鸡街所在的这个山岭，曾经是森林茂密、野兽出没、土匪横行的地方。如今，站在山梁上，天然林已经稀稀疏疏，小路两边，分布着片片的果园，杨梅、李子已经挂果。最多的是甜杏，虽然还是青绿色，可已经快有鸡蛋大小，令人想象着不久以后满树的金黄，不禁垂涎欲滴。

历史的沧桑，国道的改道，把鸡街这个小镇抛在了偏僻的山岭

古驿道

之上。如今，鸡街人只能站在山脊上，俯瞰者北小坝子的繁华。左边，昆禄公路从对面牯子山腰攀缘而上，直达麻地；右边，老108国道从小者北就顺山腰绕过了鸡街坡，武昆高速公路则以几座桥梁从山下快速掠过。鸡街，被遗忘的古镇，便默默地沉沦为一个落后的小山村。

被彻底遗忘的是鸡街坡半腰的“茶庵”，这才是真正的武定第一关。康熙、雍正时期的两部《富民县志》都记载了富民县疆域的北部边界：“北四十里至鸡街坡茶庵交武定州界。”《徐霞客游记》记载：“（由小者北平桥）盘曲而上者三里，有佛宇三楹，木坊跨道，曰‘滇西锁钥’，乃武定所建，以为入境之防者。”也就是说，三百多年前的鸡街坡上，曾经有一座名为茶庵的佛寺。寺前有木牌坊横跨驿道，上有“滇西锁钥”字样。这就是武定府的门户了。

茶庵又名茶耳寺，如今的茶耳寺，只作为周边村民记忆中的一个地名，已经没有任何古迹可寻。此处山岭稍为平缓，片片果园间最醒目的是一片方方正正、排列整齐的柏树林，每棵大约三米高。柏树林旁边有一些坟墓，大抵也只有百十年的样子。

三四公里的鸡街坡古道，虽然古

迹已不太明显，但我相信肯定给专家组留下了深刻的印象。来自北京的女专家，估计没走过多少山路，稍微陡一点儿的坡，就站在坡上不敢抬腿，幸好有我们的导游小杨一路搀扶才下了山；来自天津的老专家，一路下坡一路拍照，坡上不小心滑倒了两三次。

俗话说，上山容易下山难。可是明崇祯十一年（1638 年）十一月初十的那个傍晚，霞客先生是在经历了一天的疲惫之后爬上这几里的鸡街坡。我们这下坡，恐怕比不上他上坡那么难吧？

徒步鸡街坡，想起了富民作家段华礼的一首绝句：

信步疏林踏夕阳，桃红不减又金黄。
春风十里鸡街路，霞客当年正晚凉。

三

课堂上教学过中国桥梁专家茅以升的《中国石拱桥》一文后，我对石拱桥这一中国传统桥梁的基本形式有了兴趣，到什么地方见到石拱桥都要认真观察、欣赏一番。近些年，我喜欢踏访云南各地的古镇，在这些古镇里，那些各式各样的石拱桥令我印象深刻，如建水的双龙桥、腾冲和顺古镇的双虹桥、剑川沙溪古镇的玉津桥等。

外地的桥见多了，对家乡的古桥也有了兴趣。于是，埋头于古籍或行走于乡间，也会留意富民的桥。富民乃“滇北锁钥”，川滇古道重镇，昆明往武定、元谋及四川凉山的古道穿境而过。除了川滇古道，古代还有连通安宁、禄丰罗次、禄劝、寻甸、嵩明等周边县的道路，再加上乡村道路，所以富民县古代就是道路纵横、桥梁众多的地方。

近几年醉心于富民古代遗存的几本县志，于是顺着古籍寻找古桥，才发现有些古桥旧迹仍在，有些已无迹可寻。作为富民县最有代表性的古桥，永定桥自不必说了，有史为据，有桥为证。其他则未免令人遗憾。如《康熙富民县志》收录有明万历年间富民县令韩位甫的《登仙桥记》一文，文中记载的“登仙桥”在富民县城北门外，跨越由土主祠山下流来的小河，应该就在今天的川心营村口、现文昌路边。记得三十年前上学常常从此经过，就叫“小河桥”，而今，沟已变得笔直，桥已是钢混结构，哪里寻古桥的影子？同样命运的还有县志记载的县城东边高桥、大营桥，《徐霞客游记》里对这两座桥也有记载，可随着小河流量减少，更主要是城市道路改造，这些桥已没有了古代的印迹。也许再过几十年，连“高桥河”这一地名也会湮没无闻的。者北虽远在县北，但因处于古道要津，者北古桥也难逃厄运。二十多年前我到者北工作时，已不见古桥踪迹。县志记载的者北桥有两座，应该就是集镇北边龙纳河上、者北老辈人称的“大石桥”和小者北大桥，两座桥都已成为钢混桥，估计是四十多年前新修108国道将石桥拆除了。

幸好还有太平桥，十多年前，我曾经常骑车从这拱桥上穿过，近年来还专门去探寻它的风采。这座康熙年间就修建，仅光绪时大修过一次的双曲石拱桥，无愧于“太平”之名，三百多年来一直横跨在清水河上，任河水浊浪滔天而岿然屹立。往来川滇的无数达官贵人、文人骚客、千军万马、商贾平民的足印，已被历史的风霜轻轻拂去了。但在富民人的心中，永远留有它的位置。虽然五十年前成为公路主干道，加宽以后只有在桥下或远处才能一睹其石拱桥的雄姿。

古籍里的桥梁已难寻，我便往乡间古道上随意踏访，居然有许多收获。在款庄徐谷，古老的富民—寻甸古驿道上，找到了漂亮的三星桥：两百多岁的三曲联拱石桥犹如一弯弯新月映在小河上面，与两岸的田园、村庄那么协调，浑然一体，好一幅“小桥流水人家”的美丽图景。我想，可能因为旧时款庄不属于富民县，不然这么有价值的拱桥肯定会载入史册的。在东村小松园，我找到了奇特的桥上桥——下面一座三百多年的独拱桥，上面还有一座近三十年的大拱桥。可能是借鉴了赵州桥的创意，新桥一个大拱横跨四十多米，肩上还各有三个小拱。桥上桥的修建，既方便了通行，又保护了旧桥，而且也成为一道新景观。

据说全国有几百座桥叫“红军桥”，东村的“红军桥”无须赘述，

古驿道

我还去过拖担的“红军桥”。这座小小的石拱桥同样在清水河上，是在去拖担时不经意间遇见它的。这座桥其实就在清河村后几百米，据当地人说已有两百多年历史。雨季暴虐的清水河，裹挟着牛身子大小的石块，冲得满河谷都是，而拱桥却安然无恙。因此官方资料称为“永固桥”。清河、拖担人却亲切地称它为“红军桥”。清河、拖担、九年坪这一条山谷，是富民罗次古驿道的必经之路。1936 年 4 月 12 日，贺龙率领的中国工农红军二军团，在头天傍晚打下富民县城后，一早就从上文明、飞来寺、清河沿着这条古驿道，跨过这座小小的石桥，经过拖担前往罗次。百姓为了纪念红军，就把这座小桥称为“红军桥”。

旧时的“花大桥”，桥房几十间，风雨无阻，但这只在回忆录里读到过。在乡间，我倒是见过了几座这样的“风雨桥”。在奎南村就有这样一座普通的小桥，已有一百多年历史。桥面的木板朽坏，已更换为水泥桥面，但两边的木廊柱、顶上的木梁架和青瓦屋顶，以及梁架上精致的木工雕饰，仍见证着岁月。散旦沙营也有这样一座“凉风桥”。木板桥面、木柱、木梁、瓦屋面，使这座一百多年的桥仍然保持着古色古香的味道。更为人性化的是，桥面两侧还制作了木凳，供过路的人们坐着休息，下雨不湿，天晴不热，岂不舒爽？同样的风雨桥，我还在邻近的五华区瓦恭村见过一座。

时光流逝，终成梦境，古道悠悠，阅尽沧桑。一条条古驿道，延续着蹉跎岁月；一座座古桥梁，承载着厚重历史，一路走来，一路隐去。千百年光阴荏苒，最终浓缩成几个深深浅浅的马蹄印，没有故事，没有情节，只剩下山野中隐约可嗅的马帮气息，还有桥下永不止息的缓缓流水。

古道、桥影，成为古代富民经济文化交流的大通道，在古代交通史上占有辉煌的地位。

四

2017年2月20日下午4点30分，外交部云南全球推介活动在外交部蓝厅隆重举行。鲜为人知的是，在这次外交部云南全球推介活动中，云南省委书记陈豪引用了《徐霞客游记》中对富民河上洞的记载："我国明代著名旅行家、探险家徐霞客一生钟爱云南，称赞云南'桃花流水，不出人间，云影苔痕，自成岁月'。"陈书记以此妙赞云南的好山、好水、好空气、好生态藏在深闺无人识，富民风光仿佛也成了"云南名片"，实在是富民的骄傲和自豪！

2017年5月，富民县的滇川古道三村段、永定桥、河上洞获得了"徐霞客游线标志地认证"。

节假日，找个阳光灿烂的上午，独自一人或携三两个好友，漫步在这古驿道上，或想想心事，或谈谈有趣的话题，实在是一件惬意的事。斑驳的阳光从树影中透过，这里的一块块石头，经过长久的马踏人踩，依然光亮无比，如同一轴摊开的历史长卷，唯有风沙来浏览，唯有细雨在阅读。如今，因度假山庄的保护，这古道又渐渐地热闹起来了，这回可不是马帮，而是一批又一批游客。或是山庄里住宿的休闲客，或是朝气蓬勃、挎着相机的背包客。我想，他们恐怕也是为了追寻马帮留下的一串长长的蹄印，为了聆听那清脆的马铃叮当吧！

康熙五十一年，富民云淡风轻

《康熙富民县志》修成这一年，万寿宫建设这一年，是康熙五十一年，也就是公元 1712 年。这一年，富民螳川蜿蜒、云淡风轻。历史纷纷扰扰，天空阴阴晴晴，人事来来去去。数百年来，高公韶、许成德、彭兆逵等人的事迹，勉励着后人。突然觉得，一个地方，因为有历史，所以它就厚重；因为有未来，所以它就鲜活。最重要的，是我们脚踏着现实中繁花似锦、欣欣向荣的土地，立足当下时空，便似乎可以和历史与未来对话，所以，当下的一切，它都特别美丽、特别温馨、特别丰盈！当下的富民，螳川浩荡，云淡风轻。

一

康熙五十一年（1712 年），仲秋月，大清帝国云南府富民县。

早晨，小县城弥漫着一层薄薄的雾气，整个坝子，云淡风轻。享受了一夜清凉的人们，慢慢从鸟鸣声中醒来，开始了一天的生活。商贾们早早起床，走向杂物间和马厩，小心地查看货物和骡马。一切都完好无损，几匹骡马吃完了草料，看见主人走来，精神抖擞地打着响鼻。商贾很满意，回房梳洗毕，走到对面街上，煮一大碗面片。看着满满的面片，他们心想，富民真是好地方，富民人真是厚道。街上，三三两两的农人，肩上荷着锄头或扁担，到田里干活。他们从容地走过花大桥，走向农田。他们真的很从容，很踏实。因为今年春天，朝廷宣布实行一项新政策，称为“摊丁入亩”，从此之后，圣世之丁永不加赋。用通俗的话讲，就是国家只收土地税，不再收人口税了，老百姓再生孩子也永远不收人头税，而且税收的标准按照上一年的数字不再增加。沐浴着这千古未有的洪恩，老百姓心里愉快而踏实，从心里感激英明的皇帝。

皇亭子

县令彭兆逵也走在青石板的街上。他一大早就顺螳螂川北岸行走，走到小营盘，看看螳螂川的清波，看看中沙滩的芦苇，听听柳树上不知什么鸟的啼鸣。此情此景，跟他的故乡江西宁都很相似。宁都也有一条河，宁都也有成排的柳树。“辛苦遭逢起一经”，只因自己考取了功名，才会身不由己，背井离乡，来到这千里之外的南滇为官。要是自己不考取功名，完全可以在故乡平静地生活，吃家乡的圆吻鲴鱼和三黄鸡，喝家乡的凌云山白茶。想起功名，他心里升起几分自豪，也增添了些许惆怅：自己参加康熙三十六年（1697 年）丁丑科殿试，高中第二甲第 39

名进士，在家乡，在天下读书人眼里，那是多大的荣耀啊。但仕途不顺，远赴边陲，做这万余人小县的县令，真是烟波江上使人愁啊！

淡淡的阳光洒在河面上，河面波光粼粼。眼前的小城，瓦屋鳞次栉比，几家小客栈屋上，炊烟袅袅。一群鸽子，在小城上空飞翔。整个小城，安详地横在秋天里，像一个纯洁的处子。

“不患无位，患所以立。不患莫己知，求为可知也。”他想，至圣先师说过，为政就是要“居之无倦，行之以忠”，富邑虽小，但自己身为县令，就不能怠慢，就要忠诚地履行职责。

回到衙署，儒学教谕罗琨、儒学训导施纯仁，邑中名士杨撝

秀已在衙中相候。三人呈上《富民县志》书稿，请彭县令再行审阅。看着书写工整的《富民县志》，彭兆逵思绪万千。

其实，到富民不久，彭兆逵就萌生了编纂县志的想法。

彭县令远道而来，人地两生，为了尽快熟悉县情，他想到了志书。但一查问，发现富民没有任何本地志书，更为甚者，衙署里连多余的公文都没有。从这一时起，他就萌生了编纂《富民县志》的想法。当时他想，盛世修史，当今圣天子英明，四境太平，万国来朝，整个大清帝国，真是一派太平盛世的景象。这样的盛世，正该修史编志，为后世存史资政。

但说起修史编志，他还是有顾虑的。本朝皇帝对文字十分看重，若有对朝廷不利的话语，都要追究，因文字而获罪者，比比皆是。康熙二年（1663 年）的“庄廷龙明史案”，遭牵连者达三千余人。康熙二十一年（1682 年），有朱方旦之狱。最历历在目的是上一年，即康熙五十年（1711 年）的戴名世《南山集》案。康熙下旨将戴名世凌迟处死，戴氏家族凡男子十六岁以上者斩立决，女子罚给满城转营为奴，此案牵连三百余人。这些案件，不能不令人畏惧。

正好，此时上级发下公文，要求续修通志。于是，彭兆逵找来儒学教谕罗琨和儒学训导施纯仁，商议修志之事。罗琨认为，修志乃一县之大事，尤其是富民，亘古以来第一次修志，一定要广集群言，写真史、修良志，为后代师。建议召集县内绅士，共同商议。彭县令听毕，表示首肯，让罗琨等筹备修志。之后，罗琨等遍访县内杨撝秀等名士，设馆于教谕署，编修县志。

皇亭子

彭兆逵慢慢翻看书稿，看着一页页熟悉的文字和图

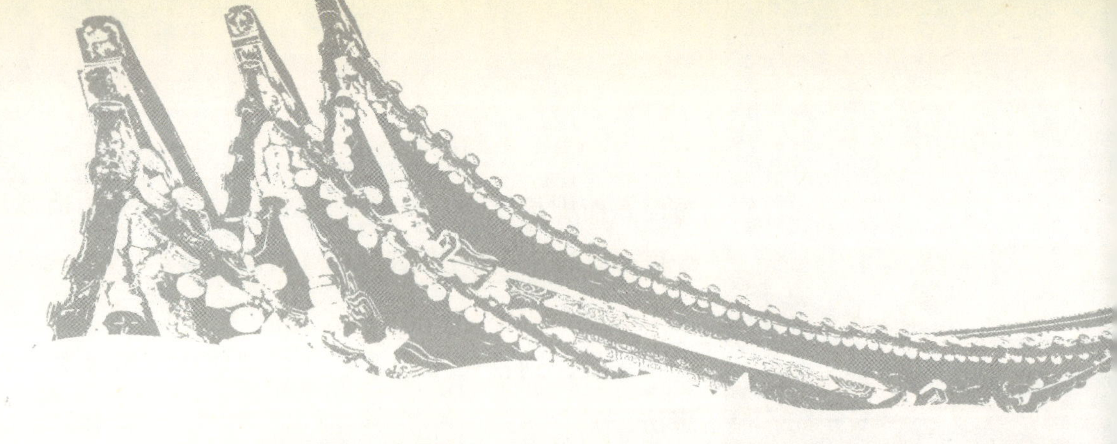

表，他感到很是满意，觉得心血没有白费，三易其稿很值，也觉得自己到富民一年多编纂出《富民县志》不算太迟。于是，欣然命笔，撰写序文：

方今圣天子在上，其德泽悉已沦浃，其文教悉已诞敷，其贡献方物悉已毕至。而幅员之长，版图之广，自古未有也。余在晋阳时，览一统志，炳炳煌煌，千秋之宝录，一代之全书，莫逾于此。

我皇上犹分遣天使，绘天下舆图以进，岂徒勤远略、侈盛轨哉？盖虑各省广狭异势，高下异形，刚柔燥湿异宜，少有未协，无以晰民隐而敷实惠，故其绻绻注意如此也。

然则省有省志，郡有郡志，州县有州县志，盖可忽乎哉！辛卯岁，余莅兹土，有事待稽考者，求所谓县志而不可得。询其所以，从前潦草呈报，只字无存，余概息久之。适抚宪檄下，有续修通志之举。乃集绅士而谋之，设馆修辑，逾月告成，申报最先，乃迟之又久，始付梨枣者，艰于费也。

自此编出，凡县中城隍、林薮、户口、赋役、学校、风俗、物产、名胜诸遗迹，举向日茫然莫识者，皆有端倪可寻矣。然又恐有荒唐之说，滋后人疑，故宁简勿烦，宁严勿滥，信者存之，疑者阙之，虽有遗篇不恤也。

是役也，余岂敢擅著述之名哉？盖弹丸岩邑，一切草草，舍是无以辨土宜而稽利弊，聊倩楮墨，以存大略，非徒供览玩且以塞责云尔。至于旁搜博采，征信存疑，以成全帙，惟俟后之博物君子，踵余志而行之，余亦与有荣施焉。

时康熙五十一年（1712 年）岁次壬辰仲秋月之吉

赐进士第文林郎知云南府富民县事双水彭兆逵谨识

序文一气呵成、文情并茂，罗琨等都大声称好。

他面有得意之色，抬头看天，天上白云片片。再看看院内桂花，清风徐来，枝叶轻晃。一缕缕香气，飘进格子门窗，公堂之内，香气浮动。

他再次走向书案上墨迹未干的序言，久久凝视。一阵淡淡的墨香袭来，让人觉得十分惬意。他知道，就是这本一万多字的志书，一定会流传千古的。不是这本书文采有多华丽，不是这本书的编者有多大名头，而是这本书的史料，这本书开创性的意义，注定了它在富民的历史地位。

二

彭兆逵编修《富民县志》是很严谨的。“宁简勿烦，宁严勿滥，信者存之，疑者阙之，虽有遗篇不恤也。”这一直是他修志的原则。之所以这样，一则是他生性严谨，另外的原因，就是对文字的恐惧。以前的人，对文可用“敬畏”来形容，几件文字大案后，人们对文字由“敬畏”变成了“恐惧”。这一点，彭兆逵也有同样的心理。文字，可以给人带来莫大的荣誉，使人流芳千古；同时，文字，也可能给人带来意想不到的灾祸，必须慎之又慎。

他从来不是个只会坐堂的县官。为了核实富民的疆域，他亲自到边界查看，有时，就在村里与民同乐。他逐步弄清楚了，富民不大。县署离府城八十里，在府城西北角。全县

东西广六十里，南北袤七十里。彭县令心想，南滇之地，山岭纵横，说是小县，主要是人口少，其实幅员不小。

他还亲自复核县里的秩官田赋经费。富民虽是小县，但县衙里各种执事，一应俱全：门子二名，皂隶十二名，民壮三十名，禁卒四名，轿伞扇夫七名，库子二名，斗级二名。另有典史署、儒学教谕署，全县公职人员近八十人，所需俸工廪饩等银共五百九十四两四分。看到这些衙役，他摇了摇头，觉得吏役队伍太过"庞大"，加重了老百姓的负担。

他也深入到集市察看情况。当时赶集是每月三、六、九日。北门外为炭场，东关内为猪市、马集、牛羊街，南关外为菜市。到赶集的日子，将午的时候人才汇集，未申时分集市就慢慢散场了，热闹一点的地方，也就是花大桥一带了。他想，农民自给自足，很多人足不出村，可供交易之物品，自是很少，无非买卖些粮食牛马，县城集市的规模，只不过算是村屯小市而已，完全无法跟中原地区的大邑闹市相比。

就是这一年（1712 年），县里发生了"百鸟食虫"的异事。

这年五月，富民阴雨绵绵，细雨一下五六天。阴雨过后，人们发现，稻叶、菜叶、苞谷叶子上，生长着一种小虫。这种小虫像线一样，长一厘米左右。开始，人们并不在意，然而几天后，这些小

皇亭子

虫就长到成年人的手指那么粗大。这种虫专吃苗叶，有的禾苗被吃得仅仅剩下根部。特别严重的是，只要人的手碰到虫子身上，手就会立即红肿，让人疼痛难忍。富民常见的燕子、喜鹊、麻雀等鸟类，飞过田野，也不去啄食这些虫子。眼看长势良好的禾苗就要被这些从未见过的虫子吃光了，老百姓感到十分恐慌。彭县令知道这些情况后，急忙赶到田里。不看不知道，一看吓一跳，只见一丛丛的禾苗上，一条条手指大的青虫在蠕动，有的叶片已被食净，有的被吃得残缺不全。他鼓起勇气，用手碰了一下青虫，忽然感到一阵刺痛，一会儿，手上起了一片红斑，又肿又痛。认真视察了一回，到处都是这种情况，心里很是着急。当晚，他苦思冥想，终于想出一个办法。于是，他挑灯夜战，连夜制作祈文。第二天，亲自率领僚属斋戒，并步行祭祷。祷词中，有几句是这样说的："思编民善恶不齐，岂遂概贻以祸；如在位政刑有缺，乌能巧谢其愆。剪甲伐毛，恐渎上方之洁；洗心涤腑，冀通下吏之诚。"这样一连祈祷了三日，第四天，富民田野上飞来很多鸟雀，纷纷啄食害虫。没几天，害虫被百鸟啄食殆尽。害虫灭除后，禾苗复活了，还长得特别茂盛。这一年，老百姓获得了丰收。

这件事自己是主角，是否把它写进自己修的县志里？彭兆逵心里感到有些忐忑。施纯仁等一再说，天人感应的事，从古以来志书都有记载，并不算出格。而且，这是我们亲身经历，也是全县老百姓共同见证的实事，是大清国德治天下、上苍感应的体现，写在县志里，没有什么不妥。他觉得，这事终究有些荒诞不经，只能将其放在"祥异"一章里，留待后人评说吧。

清康熙五十一年（1712年）《康熙富民县志》

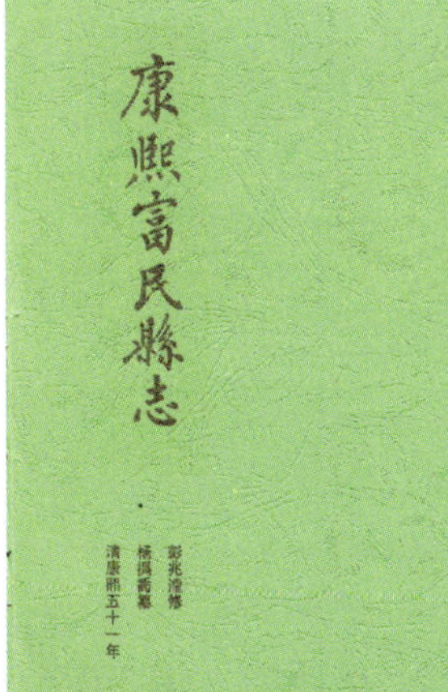

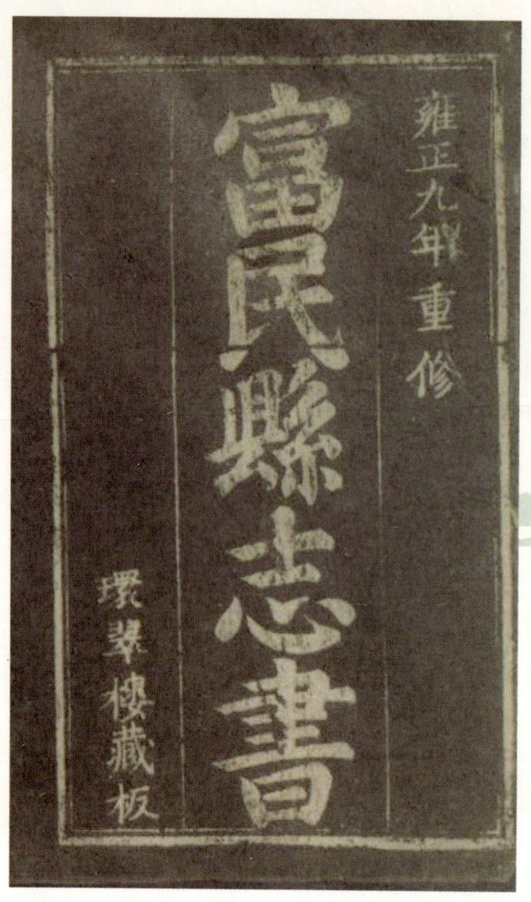
雍正九年重修
富民縣志書
環翠樓藏板

中国国家图书馆藏《富民县志书》刻本影印（康熙五十一年，即1712年）

三

彭兆逵在富民并没有案牍劳形的感觉。相反，他觉得欣逢盛世，加上富民民风淳朴，老百姓日出而作、日落而息，一家家父慈子孝，一村村路不拾遗，诉讼诸事，少之又少，衙署里经常会几日无事。反正山高路远，府里也不常来督导，乐得自个儿读书弹琴。

春暖花开或是秋高气爽的季节，难免有些寂寞。想想，自己十年寒窗，诗词书画，样样精通，想不到来到这南滇偏僻之地，欲寻个雅人唱和一番，也是不易，真是辜负了自己的满腹诗书。

这样想着的时候，他就动了游兴。一个春日，约了县内几个名士，也就是罗琨、施纯仁、杨撝秀他们吧，前往河上洞游览。

河上洞位于县城南边八九里，前朝大旅行家徐霞客曾来游过，有很高的评价。他们一行一路谈笑，一路观赏沿途风景，但见川水清澈，游鱼嬉戏，几点桃花，迎人娇笑；数行鸣鸟，傍人而飞。一行人到洞中游览，洞内钟乳石嶙峋密布，蔚为奇观。游赏完毕，同来洞口赏鉴前人题咏。彭县令细看时，见前明县令刘珍题了两首七律。

看毕，心里想道，这洞的诸般设施，原来是刘县令开辟的，真是前人种树，后人乘凉，这洞不仅徐霞客游了，我等今天也得了刘县令的益处。大凡为官行事，一定要有所作为，建功业于当世，遗福惠于后人，方不失为儒者之行、君子之道。再细细体味诗句，觉得甚是高妙，不禁动了诗思，提笔步韵二首，名为《河上洞和刘令韵》。

其一云：

禅关且莫探幽微，独傍悬崖稳息矶。
自去高僧山寂寂，谁来佳客话霏霏。
残碑断续从人读，树古参差任鸟飞。
坐久漫生今昔感，霞光犹灿夕阳晖。

其二云：

洞口门栏日日开，仙踪不恋旧蓬莱。
青鸾有意攒云去，黄鹤无心驾月来。
草色原经岩下湿，涛声还打石边回。
刘郎别后无消息，几度梅花点绿苔。

在富民诸县令中，就文艺造诣而言，他最推崇本朝康熙年间县令张钥。张钥在自己之前十多年任富民县令，公干之余，便流连于山水，大有谢朓之风。张钥善诗，万庆寺、法华寺、觉海寺、灵芝寺等古迹都有他的题咏。张钥的诗眼界开阔，意境奇崛，俨然有大家风范。张钥写过一首七律《游灵芝寺》，之后，彭兆逵游览灵芝寺，看着大好的山水，庄严的宝刹，欣然命笔，和诗一首，名为《灵芝寺和张令韵》。“灵山天产特希奇，不数新昌五色芝。胜景欲开三宝殿，芳名留作万年碑。梵钟敲出连云远，僧钵捧归带月迟。峻似匡庐真面目，谁为陶令更题诗。”张钥也善文，曾作《醒心亭记》，表达不忘职守、居安思危的思想。这些，都是他十分欣赏的。

大多时候，他就同儒学教谕罗琨、儒学训导施纯仁、邑中名士杨撝秀等遍游县内名胜古迹，偶有感悟，就题咏一回。几年下来，县内名胜之地，大都留下了彭兆逵的行踪和墨迹。

彭兆逵深知艺文对百姓教化的重要性，在《富民县志》中，以较大的篇幅，收录了先贤的诗文。正是这些诗文，把先贤的思想和精神保留了下来。

四

彭兆逵，字人淑，号陟瞻，是个忠于职守的人。他在富民任职之前，任山西太平县令。一上任，即“汰冗役，革‘火耗’杂税，苞苴（贿赂）斥绝，四境肃清”。当时，太平县有一座风波寺，寺里有几个僧人，很是凶残狡猾。这伙人不好好礼佛诵经，却常常聚集奸人作恶，为害一方，民愤极大。彭县令表面不动声色，私下却让衙役细细调查。调查清楚后，迅速将几个恶僧绳之以法。这件事调查清楚、执法严格、处理得当，一县百姓，都惊叹佩服。后来，彭兆逵因为父亲去世，便服丧在家。服丧期满，补了云南府富民县令。到富民后，他刚柔并用，百姓心悦诚服。

彭兆逵是个儒者，理想是“上报君，下惠民”，为政的原则是“居之无倦，行之以忠”。修县志时，这一理念已经贯穿其中。所以，他虽然很欣赏刘珍、张钥等人的文学才华，也偶尔像他们一样来一

皇亭子

下“文艺秀”，但内心深处，更愿意向高公韶、钱贵、许成德、曹晶这样有大作为的县令学习。

高公韶（1480—1563年），字大和，号三峰，四川内江人，从小聪颖，18岁那年考中举人，弘治十八年（1505年），25岁的他考中进士。据《康熙富民县志》记载：“……谪县典史，倜傥清白，威惠并用，后擢知大理府，吏畏其严，民怀其德，历官侍郎。”《明史·萧鸣凤传》载：“同官内江高公韶劾王琼误边计……中旨责鸣凤党庇，而谪公韶富民典史。”正德年间，他担任监察御史，因弹劾总兵官郭勋有罪，又弹劾大司马王琼误边防之事，被王琼构谄，谪官富民典史。在富民期间，他置馆延师，教民子弟，使富民风俗一变，受到老百姓的称赞。之后，担任陕西旬阳知县。世宗皇帝登基，不久擢升他为云南大理府知府。在大理府，他断案迅速正确，操守清严，从来没有扰民的政令，老百姓很怀念其恩德。等到回京城面圣时，行李十分简单，不带任何土特产送给当权者。后擢升为副都御史，巡抚江西。最终官至户部右侍郎。他政才文才，俱是出众；人品官品，皆称楷模，其事迹在《明史》和《四川通志》上，都有记载。在做宁夏副使时，曾作诗《驻车灵夏》，广为流传：揽辔西巡此驻骖，贺兰雪色映晴岚。宣威直向尧封外，贞度应教圣泽覃。文物只今看举举，豪雄自昔觉眈眈。兴来诗句聊拈出，留取重游作美谈。

钱贵，四川峨眉（今乐山市峨眉山市）人，明代万历年间任富民县令，为官勤俭稳重、廉洁公道。县上有一个叫李义的人，被盗贼所诬陷，已经判刑关押在监狱里了。钱贵访查得知李义是受了冤枉，就向上级部门报告，为他洗刷了冤情，李义得以释放。李义被释放后，非常感激钱县令，给他送去很多财物。钱县令分文不收，大声喝令李义带着财物速速归去。钱县令长期坚持自己种菜吃，后来死在任上，老百姓很感念他，把他的牌位请到祠堂里供奉着。

许成德，贵州新贵（今贵阳市）人，举人出身，明代万历年间任富民县令。他崇尚文化，重视教育，对富民发展颇有建树。他为富民做了三件功德无量的事：第一件是在万历四十二年，即1614年，因为取水不便，把县城由土主峰之东三里的旧城搬迁到螳螂川北岸，也就是现在的县城所在地，修筑了城墙，官署。第二件是于明万历四十六年（1618年），修建了永定桥。大桥横跨螳螂川，是商旅往来的必经之地，又叫花大桥，该桥的桥墩直到现在还在使用。第三件是在东门外新建了学校（文庙），规模很是壮丽。富民在明初没有学校，诸生要到罗次上学。自此，富民有了学校。

王孙齐，贵州人，明代崇祯年间任富民县令，勤政聪敏，敢作敢为，因为县城为土城墙，崇祯十三年（1640年），他开始修筑砖城。砖城周长360丈，高2丈，还修了护城河，深5尺。县城设四门，西门长期关闭，只开三门，东门名叫文辉，南门为阜财，北门为拱辰，各门上都建有城楼。这座砖城，使后代很受益。

曹晶，四川富顺（今自贡市富顺县）人，顺治十六年（1659年）任富民县令。他廉洁爱民，政绩突出。当时正值兵荒马乱，人民饥馑相望，曹晶大力发展农业生产，给那些没有耕牛和籽种的农户以帮助，使老百姓渡过了难关，很少有饿死的人。县里的人很感念他，为他立生祠以祭拜，后来死在任上。

谢天璘，江南江宁府溧水县（今江苏省南京市溧水区）人，清康熙四十一年（1702年）中北直乡试副榜，四十六年（1707年）年任富民县令。他为老百姓做了很多实事好事，十分关心读书人。康熙四十七年（1708年），于卧云山麓修建文庙，四十九年（1710年）完工。谢县令所建的文庙，美轮美奂，十分壮丽，后经多方修缮，保存至今。他经常与读书人煮酒论文，到深夜都不觉得疲倦，后来死在任上。康熙四十九年（1710年），老百姓把他的牌位请到祠堂里供奉着。

这些县令，是自己的榜样，自己所修的县志中，将他们列为“名宦”。而刘珍、张钥等人，虽有文名，但建树不伟，从“为政”的角度看，终不能入“名宦”之列。

彭兆逵的理想也是成为“名宦”，至于诗词文章，那只是点缀而已。现在，富邑四境安宁，百姓丰衣足食，正是兴土木的好时候。到富民后，彭兆逵就筹备着修万寿宫，用以供奉皇帝的寿牌，存放圣旨诏书。

说到建万寿宫，彭兆逵又想到了故乡宁都。自己高中进士后，应家乡士绅邀请，曾为始建于南宋绍定二年（1229年）位于覆船冈麓的文庙撰写过《重修文庙记》，文中言道，这次修建文庙，“石必坚，工必良。大约较旧制加广，规模加闳畅……楼馆台榭，翚革闳燿。莳以芳卉，荫以松柏。高明游息，棲神妥灵之道具，而学宫之胜以完”。他想，这次建万寿宫，一定要做到“石必坚，工必良。较旧制加广，规模加闳畅”。

后来，这一切设想，都做到了。他主持修建的万寿宫，雄伟地屹立于县城中央，四攒尖、三重檐、十二翘角，红墙黄瓦，雕梁画栋，显得高大、庄严。宫前有青狮白象，威武逼真；院中植有柏树，青葱茂盛。绿树掩映之下，一带红墙，显得美丽而庄重。

看着雄伟的万寿宫，他觉得自己“上报君，下惠民”的理想实现了，浑身轻松。在他眼前，出现了人们拜万寿牌的场景：每当万寿圣节、皇后圣节、皇太子千秋、元旦、长至，文武官员绅士齐集，恭诣万寿宫，五鼓拜牌，三跪九叩毕，分班坐，文东武西，逾时始退。想到这个场景，他觉得，这万寿宫，一定会千秋万代屹立于天地之间的。

《富民县志》修成这一年，万寿宫建设这一年，是康熙五十一年，也就是1712年。这一年，西方启蒙思想家卢梭诞生。这一年，富民风调雨顺、云淡风轻；这一年，富民的官员、绅士、百姓都充满信心、充满喜悦，充满了对大清皇帝的感恩戴德。

最后，彭兆逵真是求仁得仁，他因病卒于官。对于彭兆逵的死，老百姓很是悲痛，建了个祠堂供奉他、缅怀他。巡抚考察到他的贤德，深表惋惜，为他题写了一块匾额：是谓遗爱。后来的县志，将他收入了“名宦”名录，可算是实现了他的夙愿。当然，这些都是康熙五十一年（1712年）以后的事。

五

对于老百姓来说，一个外乡人，不远千里，来到富民，访民疾苦，刚柔相济，兴利除弊，灭了虫、修了志、题了诗、建了宫，还死在了任上，算得上“鞠躬尽瘁，死而后已”了，为他造个祠堂祭祀，并不是矫情。

在彭兆逵以后的三百年时光里，历史纷纷扰扰，天空阴阴晴晴，

人事来来去去，但究竟有多少官员，真正像彭兆逵那样，一心一意为富民做事，而且做出了不朽的事业，真正受到老百姓爱戴呢？这一点，得去历史的天空里找寻，也需要用历史的标准来检验。

突然觉得，一个地方，因为有历史，所以它就厚重；因为有未来，所以它就鲜活。最重要的，是我们脚踏着现实中繁花似锦、欣欣向荣的土地，立足当下时空，便似乎可以与历史和未来对话，所以，当下的一切，它都特别美丽、特别温馨、特别丰盈！

当下的富民，螳川浩荡，云淡风轻。

皇亭子

在历史烟云里回望先贤

上苍好像很眷顾这抬头见山、低头临水的富民——富民的巍巍青山以其雄浑铸成了富民健儿的英雄豪情，富民的悠悠螳川以其灵秀赋予了富民赤子诗情画意。于是，富民既有爱国如爱家、精忠报国的英雄，也有蕙心兰质、璞玉浑金的骚人墨客，更有敏锐执着、超凡脱俗的艺术大师。他们的业绩和精神，构成了富民历史文化非常精彩的一部分。他们，值得后人景仰。

中国的传统是，一个地方常常因为一个人而出名。“人杰地灵”这个成语，就表明了人与地的关系密切。可以说，所有文化名城，都是因文化名人而闻名。一座城市和一个名人以及和城市文化符号之间，共生共荣，既相辅相成，又交相辉映。于是乎，城以人名，人以城名。

不过，文化又是一个特殊而复杂的概念。余秋雨先生给“文化”下的定义相对简洁一些：“文化，是一种包含精神价值和生活方式的生态共同体。它通过积累和引导，创建集体人格。”文化既是“精神价值”和“生活方式”的总和，是一种“集体人格”，属于意识形态的东西。那么“名人”也只是文化的一种外在形式。无数的地方名人，与一个地方的历史、地理、风土人情、传统习俗、生活方式、文学艺术、行为规范、思维方式、价值观念等元素总和起来，构成了一个地方的集体人格，才形成了一个地方独特的文化。因此，我们探寻、研究地方文化时，应该将地方名人与地方文化的其他构成要素结合起来，才能发掘出一个地方的集体人格。

富民七百余年的建县史，说长不长，说短也不短了。虽然偏处一隅，但几百年来，富民大地上的政治历史也算风云变幻。加之富民土壤肥沃，气候宜人，物产丰富。地域虽小，但境内群山环绕，河山纵横，山奇水秀，人杰地灵，自然、人文景观异彩纷呈。因此古往今来，也曾涌现出无数历史文化名人。这些富民人，虽然与圣人、伟人相比还有较大差距，但他们尊奉中华传统美德，修身、齐家、治国，为家乡，为云南、为中华民族的发展做出了积极的贡献，他们的业绩和精神，构成了富民历史文化非常精彩的一部分。他们，值得后人景仰。

富民县老县城复原图

疾风知劲草　板荡识诚臣

扶一代纲常，秀才真以天下任；奉千秋俎豆，伊人宛在水中央。

昆明黑龙潭公园，悬挂着这副云南唯一的状元袁嘉谷先生所撰的对联。对联赞颂的是葬于黑龙潭边的明末昆明义士薛尔望。据《明史》记载，顺治辛丑（南明永历十五年，1661年），吴三桂率领清兵追击南明永历帝，永历帝从昆明败走缅甸。薛尔望看到南明大势已去，叹息曰："不能背城战，君臣同死社稷，故欲走蛮邦以苟活，重可羞耶！""吾不惜以七尺躯为天下明大义。"就携妻儿媳孙侍女一家七口，连同家中所养猫狗一起投黑龙潭殉节。后人称之为忠义之士，为其立墓纪念。

这样有气节的忠义之士，富民也有，而且也是出现在波谲云诡的明末清初时期。

《明史·列传》记载："贼（孙可望、李定国部）陷富民，贡生李开芳妻及二子俱赴井死。开芳走至松花坝自经，其友王朝贺掩埋讫，亦自经。在籍知县陈昌裔不受伪职，为贼杖死。"

对这些历史人物，康熙、雍正时期编的两部《富民县志》都有记载。"陈昌裔，邑人，中崇祯癸酉科举人，任信阳州知州。行己刚方，居官清正。致仕归，流寇入滇，威胁就职。裔执节不从。""李开芳，邑贡生。沙贼破城，潜出，迂道乞援罔济。同生员王朝贺至松华坝各缢死。雍正三年（1725年）入祠。"

志士仁人，无求生以害仁，有杀身以成仁。退役知府陈昌裔，抱着"忠臣不事二主"的信念视死如归，体现了古代士大夫"威武不能屈"的气节。面对

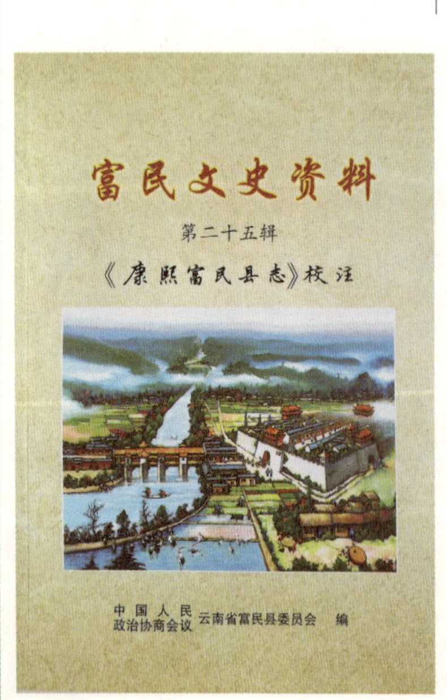

《富民文史资料》

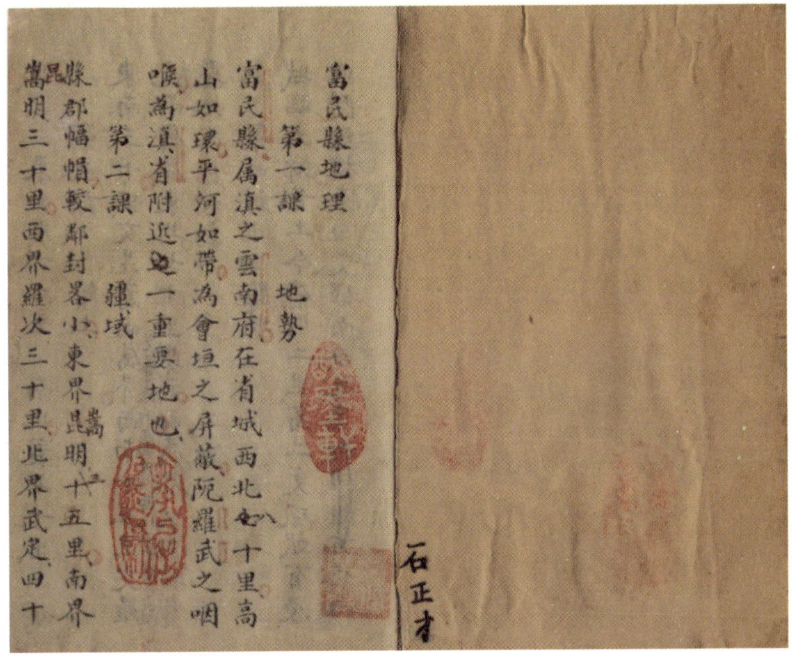

富民縣地理

第一課　地勢

富民縣屬滇之雲南府在省城西北八十里高山如環平河如帶為會垣之屏蔽阨羅武之咽喉為滇省附近之一重要地也

第二課　疆域

縣郡幅幀較鄰封畧小東界昆明十五里南界嵩明三十里西界羅次三十里北界武定四十

石正本

光绪《富民县乡土志》书影之一

强权而能宁死不易其志，这正是中国古代文人的骨气。“天下兴亡，匹夫有责”，面对危难，家乡的士子李开芳、王朝贺及李开芳妻儿，同样也具有这种舍生取义、不畏强暴的精神。

中国古代不乏不仕伪朝的名人范例，远的如汉代谯玄、西晋李密。与他们相比，富民人陈昌裔可算是忠心耿耿的英杰。更有甚者，富民书生刘文蔚甚至连伪朝的考试都不参与。清光绪《富民县乡土志》记载：“刘文蔚，邑文生，躬耕自乐，读书明大义。时值吴逆三桂占据云南，擅开科举。文蔚不应伪试，终全士节，殆鲁仲连之流亚欤？”作为书生，十年寒窗苦读，谁不想一举成名天下扬？可志士不为穷变节，不为贱易志。作为读书人，读了多年的儒家经典，他当然知道儒家所提倡的修身、齐家、治国、平天下的君子之道，他更懂得应以国家、民族大义为重。富民一介穷书生，令多少叛国投敌、卖主求荣的小人自惭形秽！

中国是一个五千年文明的国度，从古至今从来不缺乏英雄，而正是这些英雄们在国难当头时，他们总是用自己的脊梁挑起华夏民族的命运。不过，英雄产生于人民构成的社会土壤，英雄从来都不是人民的对立概念。恰恰相反，一个人只有属于人民，他的志向，他的作为，才能成为英雄的业绩。因为，英雄的本质不是一己私欲，而是大公之心。唯为群体牺牲自己，唯为社会奉献自己，才是英雄本色。所以，英雄的天赋基因，就是强烈的群体性，也就是人民性。所谓远大志向，所谓英雄情怀，说到底，其根本方面就是天下之心，就是苍生之愿，就是为社会做大事主动精神。舍此之外，岂有它哉！于国家如此，民族如此，任何小地方也如此。

在这个“英雄枯骨无人问，戏子家事天下知”的时代，很多人已经忘记了那些为国为民挺身而出甚至献出生命的英雄人物，更忘记了家乡历史上那些没有成就大事业、大声誉的“草根英雄”，比如段有才、杨国祚们。

明末沙定洲叛乱，《康熙富民县志》有这样一段记载：“顺治乙酉（1645 年）十二月，迤东土酋沙定洲反，陷省城，遂袭武定，破富民，城焚。……初，洲之考县城也，土人段有才、杨国祚等倡议聚众，断永定桥以拒之。后贼由浅水渡攻城，经段有才等潜出数十骑击之，杀贼数百人，号为効军。”

《管子·牧民》曰：“以家为家，以乡为乡，以国为国，以天下为天下。”在这些民间抗敌英雄心中，爱国不只是一句句空泛的口号，而是热爱家乡的具体行动。

中学时期学过一篇课文《冯婉贞》，记述了清末一个民间女英雄的故事。咸丰十年 (1860 年) 英法侵略军占领北京以后，四处掳掠，十九岁的冯婉贞与父亲冯三保一起，带领民团打败英法军队，保护了谢庄百姓的生命和财产安全。

这样的故事，富民也有，只是流传不广，少有人知。家乡元山村，有一块石碑——《屠公应鹏捍卫桑梓碑记》，记载了清末“咸同兵变”时期，元山村武生屠应鹏率村民团据险保卫元山村，并联合官军多次打退叛匪进攻，光复富民县城的英雄事迹。家乡英雄屠应鹏的事迹，载入了清光绪《富民县乡土志》一书，永垂青史。

一个有希望的民族不能没有英雄，一个忘记自己民族英雄的国家是没

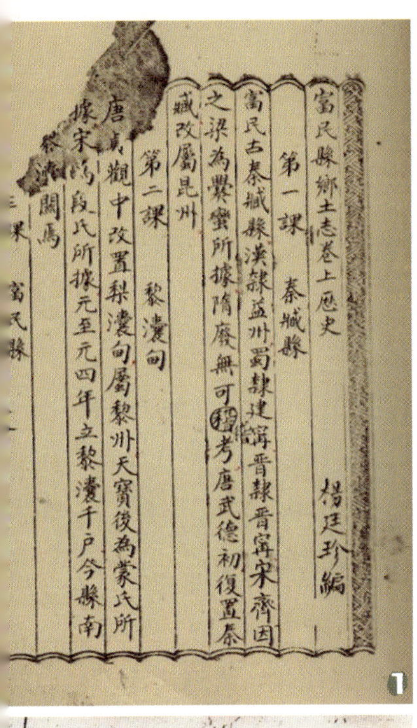
富民縣鄉土志卷上歷史　楊廷珍編
第一課　秦臧縣
富民古秦臧縣漢隸益州蜀隸建寧晉隸晉寧宋齊因
之梁為爨蠻所據隋廢無可稽考唐武德初復置秦
臧改屬昆州
第二課　黎瀼甸
唐貞觀中改置黎瀼甸屬黎州天寶後為蒙氏所
據宋為段氏所據元至元四年立黎瀼千戶今縣南

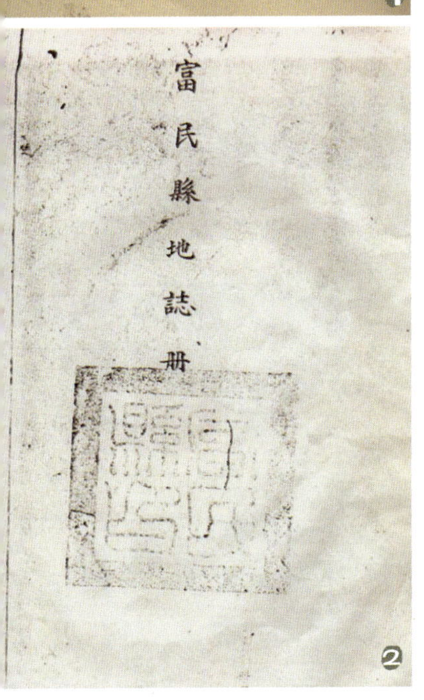
富民縣地誌冊

❶宣统《富民县乡土志》（历史、格致）影印之一

❷《民国富民县志》（即民国《富民县地志册》）封面

有出路的，中国不缺少英雄，缺少的是人民对英雄的敬重。家乡富民也不缺少英雄，缺少的是对英雄的了解和尊重。

捐躯赴国难　丹心照汗青

如果没有确切数据，我根本不信，山明水秀、民风淳朴的富民，居然很有尚武的传统。

富民县虽然早在元朝至元十二年（1275 年）就建县，可直到明天启二年（1622 年）期间三百多年，都没有设置县学，县内读书人需到罗次县（今属禄丰）县学参加院试。文武生员都以罗次县考生身份参加乡试、会试、殿试，考中举人、贡士、进士，都计为罗次县。所以，查阅云南科举取士名册，富民县就只有 1622 年单独设置县学以后的举人进士。其中文、武进士各 1 名，文举人 16 名，武举人 39 名！

这些数据，与一些文献名邦相比，实在少得可怜。文安邦，武定国。与之相应，富民历史上很少有数得上的治世能臣，倒是真出了几个叱咤疆场、青史永垂的将军，他们在平定天下、抵御外侮的战争中浴血奋战，甚至牺牲生命。

官至提督（从一品）的蔡成贵，可能是历代富民人中官阶最高者。据民国《新纂云南通志》及《清世宗实录》记载，蔡成贵为富民人，以行伍起家，屡立战功，雍正九年（1731 年）以广西左江总兵升任云南提督。雍正十一年（1733 年），普洱属思茅土把总刁兴国纠苦聪蛮人及元江夷人叛乱，蔓延几个州县。蔡成贵从大理调遣兵将，来围剿刁兴国的叛军。官兵夜攻普洱城，火把和火箭不断飞进城里。叛军的象队因为惧怕烟火而散乱地东奔西窜，使叛军无法集结队伍进行有力的反击。官军乘势架起长梯，攻上城头，控制战局，并最终平定了叛乱。

《新纂云南通志》还留下了蔡成贵的一则佳话："成贵善养士卒，与同甘苦，而性俭素。时张允随为总督，成贵入见，冠敝冠。允随曰：'老将军冠不当易耶？'成贵曰：'此冠曾三面圣矣，圣主犹优容之，明公乃以为嫌乎？'允随默然。"

官至总兵（正二品）职位的武将还有道光十二年（1832 年）武进士张万清和同治十二年（1873 年）武举人张绍模。尤其值得一提的是张绍模，可谓满门忠烈。父亲张其昌为参将（正三品），随云贵总督岑毓英征战援越抗法战场壮烈牺牲。张绍模以军功升任贵州古州镇总兵，在平定地方匪乱中阵亡。弟弟张绍文，官至都司（正四品），在援越抗法前线病故。弟弟张绍康，光绪二十六

严家训烈士墓全景

年（1900 年）升任副将（从二品），调广东剿匪，旧伤复发死于军中。

“文不爱财，武不怕死”是当年忠烈岳飞的美好愿望，其实也是千百年来统治者和百姓的共同愿望。当国际争端、民族矛盾激化到只有用战争才可以解决的时候，我们每一个公民都有责任保卫家乡、保卫祖国，何况是领国家军饷的军人？

所以，当外族来侮、国家危难之时，总有无数民族英雄捐躯沙场、视死如归。抗日烈士严家训就是这样的人。

每次站在家乡元山村后的严家训烈士墓前，我总在想，严家训没读过书，古代忠义之士的故事恐怕知道得也不多，是不是家乡这块土地上自古以来赤胆忠心的豪气渗入了他的思想深处，使严家训在日寇来侵时毅然请战，最终献身疆场？但每每不得其解。

严家训，字海诚，云南省富民县人，生于 1898 年农历六月二十四，幼年丧父，15 岁卖身从戎，在滇军服役。1927 年云南“六一四”兵变，因救龙云有功，被擢升为省主席龙云的卫士大队长。

1937 年全面抗战爆发后，云南省仅用 28 天时间就组织起第一支四万人的出征部队——国民革命军陆军第 60 军，于 10 月 5 日在昆明巫家坝隆重誓师，踏上征程。作为心腹将领也是救命恩人，龙云本想把严家训留在身边，不让他到前线出生入死。可严家训看到所有官职都安排完毕都没有自己的名字，才知道主席不让他上前线，于是坚决向龙云请战：“主席，国家兴亡，匹夫有责，我为军人，岂能容忍日寇进犯？我决心保卫祖国，即使战死疆场，为国牺牲，也是光荣的。”经过他再三请求，龙云终于答应了他的要求。按照他的少将军衔，本应该担任旅长，但旅长已任齐，龙云只有委派他担任团长。严家训坦然地说：“我出征是为了抗日，不是为了当官。”于是受命 60 军 183 师 1082 团少将团长。

严家训烈士

严家训烈士墓

1938年4月21日，按照最高统帅部安排，军长卢汉率60军到达徐州，参加徐州会战，4月22日开始在台儿庄一带与日寇激战。183师集结在陈瓦房、小庄、五圣台和凤凰桥一带，1082团奉命据守凤凰桥和瓦窑路。自4月22日战役开始以后，严家训一直身先士卒，奋勇当先，在前沿阵地上指挥，带领全团官兵英勇杀敌。28日傍晚，日寇发炮5000余发，持续一个多小时轰炸60军东庄、凤凰桥、火石埠阵地，严家训在战壕巡视指挥时，不幸被日寇炮弹击中，伤重牺牲，实践了自己精忠报国的誓言。时年40岁。

严家训牺牲后，由于战功卓著，国民政府追授他为陆军中将，经云南省主席龙云报最高统帅部特许，遗体发回原籍安葬。灵柩由内侍副官赵映明、罗仲先及胞弟严家诰护送回故里。严家训灵柩途经武汉、重庆等地时，受到沿途各界人士的公祭和悼念。1938年8月13日，严家训灵柩运抵昆明，为了迎接英雄灵柩，昆明古城甚至将南门拆除，春城百姓更是万人空巷，聚集古幢公园祭奠严家训英灵。云南省主席龙云在会上发表讲话说："严团长的死，是为国家民族争生存，为滇人争光荣……"8月14日的《云南日报》还发表悼念文章写道："安息吧！英勇的民族战士！三迤健儿会为你复仇！"

严家训遗体葬于故乡富民县永定元山村后。60军在台儿庄战役中一万多将士阵亡，严家训是唯一归葬故土的英烈。

多年以后，我在凤凰网看到一部专题片，其中讲到云南省安宁籍抗日烈士、60军183师542旅少将旅长陈钟书在台儿庄殉难后，国民政府追授他为陆军中将，蒋介石亲笔题写"金碧争辉"四个大字，也特许按遗嘱将遗体发回昆明圆通山安葬。但因战场形势突变，最终陈将军遗体只是草草葬于徐州东关外乱葬岗，连个马革裹尸还的遗愿都没能实现。

片中还提到，时隔多年之后，有一次严家训的小儿子严子直去圆通寺为父亲烧香，路上碰到一个口音像是富民人的老乞丐，一问之下才知道，这老乞丐的弟弟也在严将军的队伍里，跟着严将军出去打日本人就没回来。严子直听了感觉很难受，把包里所有的钱给了老乞丐："他们比起父亲来还是很惨的，没成过家嘛，十几岁就牺牲了，而且尸骨都无处寻找。"据不完全统计，民国时期的富民县只有三万多人，在抗战中牺牲的将士就有两百人，其中绝大多数都牺牲在台儿庄战役。

时值清明，谨以此联，祭奠家乡的英烈们：

热血御强倭，振国神威存国土；
九州怀烈士，弘民正气壮民魂。

楞严诵罢离骚续　佛旨诗情并讨论

午后的长安城，燠热无比。宽阔的大街上，行人稀少。一个僧人骑着一头瘦驴，信驴由缰，走在大道中间。这个僧人有些怪——头似低未低，似摇非摇，口中念念有词，双手往前比画着，或以掌前推，或合拳虚轻击。看这样子，莫不是在修炼功夫？

相信读过中学的人都知道这个桥段，这就是“推敲”这个典故的出处。据说，主人公贾岛这时还是个和尚，当时的长安城有命令禁止和尚午后外出，贾岛故意以作诗发牢骚，“邂逅”京兆尹韩愈，以一首《题李凝幽居》让韩愈发现才华，并成功建议韩愈解除了禁令。

有才华的僧人不只贾岛。据统计，《全唐诗》及各种唐诗合集中，收录有诗僧三百多人的诗歌四千多首。历朝历代诗僧更是数不胜数，许多僧人成了著名诗人，除后来还俗的贾岛外，如唐代皎然、贯休，南宋留下“沾衣欲湿杏花雨，吹面不寒杨柳风”名句的志南。诗僧、僧诗已成为中国古代诗歌史上一个重要的组成部分。

富民古代没有太出名的文人墨客，但晚清至民国初期曾经有过两个云南有名的诗僧——续亮和莲洲。

续亮（1828—1896年），字清光，一字月谷，因诗名，亦以月谷名世，清光绪年间僧人。续亮俗姓刘，富民县永安庄人。家贫，其父死时，续亮还在母腹。续亮出生后，家中经济更为窘迫，母亲以替人做针线活抚养续亮及其哥哥。勉强度日几年后，只好将续亮送入昆明五华寺做和尚，当时续亮才4岁。续亮出家后，因生性聪慧，于是刻苦学习。长大后，能领悟佛家经典宗旨，并以余力学诗作诗，因此渐有诗名。他又兼通儒学，为人处世有理有度，与当时名士吴存义、吴仰贤等交往很多，诗艺益加精进。因出身贫苦，续亮颇为关心世间疾苦，一生收留过许多学佛弟子，并通过他与社会上儒士们的关系送他们到各名士门下学习，为佛门培养了一批人才。

俗话说，出家人四大皆空。续亮虽皈依佛门，但每当言及贫苦之事，如门衰祚薄、骨肉凋零等，常常涕泪满襟。他出身苦难，理解苦难，以为欲证得真正佛果，必先正己身，以儒行正之。他曾作《梦母叹》一诗，情真意切，时人竞相传诵，无不鼻酸而泣下。云南状元袁嘉谷在《卧雪诗话·书月谷上人梦母叹后》一诗中感慨：“读君《梦母叹》，使我掩袖哭。”云南近代著名学者陈荣昌读此诗后评价：“哑人不能语，茹茶只自苦。远人不能归，

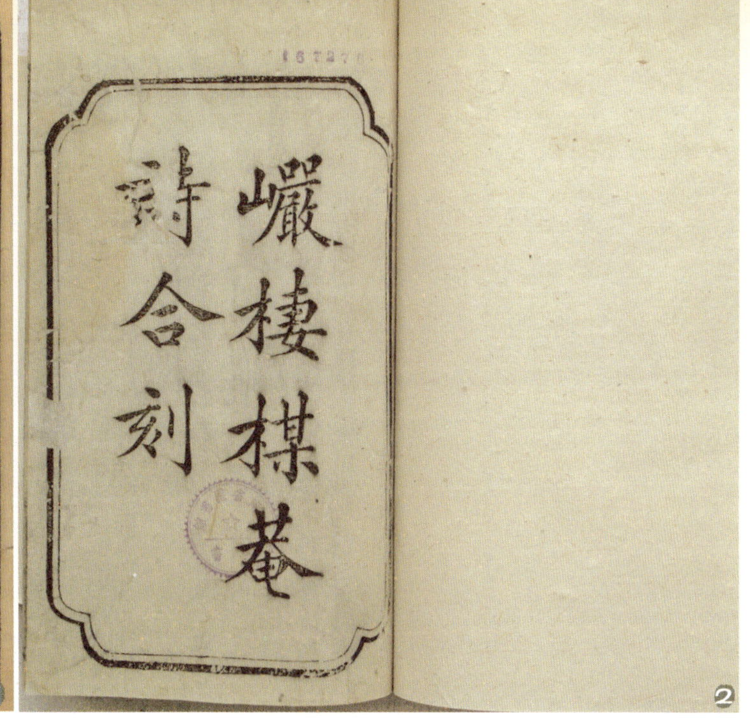

望乡只自悲”，“月谷月谷天性笃，梦时见母醒时哭，血泪成诗不忍读。”

续亮多才多艺，能诗善文，著有《梅庵诗草》一卷，昆明名士李坤作序，并被赵藩所编《云南丛书》收录。江阴人陈鹍取其诗作和华亭寺方丈岩栖（续亮的师父）诗歌会刊合刻《岩栖梅庵诗合刊》，云南名士赵藩、陈鹍、李坤分别为诗集作序，在省内诗界产生了很大的影响。袁嘉谷读《梅庵诗草》后有评：“滇中释子诗以苍雪、担当、福湛为三大宗，次则富民续亮，亦诗人之杰也。”

续亮曾长期在昆明西郊妙高寺修习，晚年应邀出任昙华寺住持。光绪二十二年（1896 年）圆寂，其弟子映空继任昙华寺住持。弟子映空，可谓得续亮真传，好诗文，喜欢与文人雅士交往，并以禅意诠释经世文章，当时文化名人陈荣昌等常到寺中小住，吟诗作文，留下书香雅韵。映空晚年还与时任云南警察厅厅长的朱德有过一段交谊，昙华寺至今还存有朱德赠映空的诗文碑刻。

❶《梅庵诗草》影印

❷《岩栖梅庵诗合刻》影印

自筑园林书掩门，客来生恐损苔痕。

楞严诵罢离骚续，佛旨诗情并讨论。

——莲洲《小园自遣》

如果说续亮的《梦母叹》是以一名僧人的人间真情催人泪下，莲洲的《小园自遣》，则是以儒学与禅意相结合的淡雅妙趣打动人心。

莲洲（1858—？），一作莲舟，字海苹，号了幻，俗姓毛，富民县永安庄人。父母早亡，幼年即到昆明地藏寺出家为僧。民国二年（1913年）2月，中华佛教总会云南支部成立，任副支部长。民国三年（1914年），任中华佛教总会副会长。民国十二年（1923年），莲洲与释平光、居士赵藩、陈荣昌、张拙仙、熊种青等人在圆通山接引殿结“云南螺峰莲社”，弘扬净土宗，莲洲被推为社长。

莲洲不仅是昆明高僧，而且也是一名诗僧。宣统二年（1910年），已53岁的莲洲与潜圃居士谢宇俊在虚凝庵读书，并向谢学诗。1915年，启文书局刊印其诗集《淡园吟》，名士陈荣昌、赵藩为其作序，谢宇俊作后序，盛赞他的诗歌“朴而不华，直而不鄙”。1919年，刊印诗集《闭关吟》由赵藩、陈荣昌、谢宇俊作序。云南近代诗人王灿有七律《筇竹寺传戒赠莲舟上人》：

滇海莲僧香彻荷，诗坛辟后戒坛开。
禅心参自中锋外，法乳分从本寂来。
天女花飞诸佛座，曼陀雨遍讲经台。
传灯欲证无生果，须向心田处处栽。

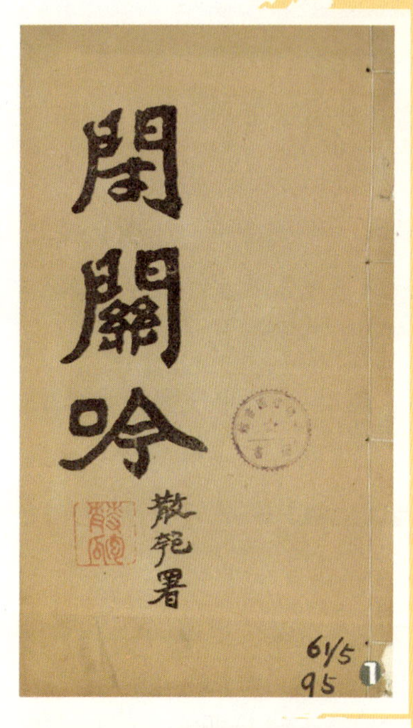

❶《闭关吟》封面
❷《淡园吟》影印

治世崇孔子，真释儒有几。作为清末民初的诗僧，续亮和莲洲不仅幽居于古寺青灯，诗歌题材比较广泛。他们与当时的云南文化界名士交往比较多，部分诗歌以友人唱和为主题，有的诗歌在怀念亲人中抒发人间真情。而更多的是描绘自然和吟诵风物，这部分诗歌往往格调清新，佳句频出。在他们的笔下，昆明西山、滇池、华亭寺、升庵祠、筇竹寺、虚凝庵、铁峰庵等名胜栩栩如生。如莲洲《登虚凝庵》："行到白云苍树间，琳宫高耸勉跻攀。霞溪仙子知何处，唯见松梢鹤往还。"还有部分诗歌则以家乡富民为主题，寄托着浓郁的乡情，如续亮诗《题白塔寺》《毛竜古渡》，莲洲《麦垄行》等。

谨以续亮登富民灵芝山诗《题芝山静室》作结：

危嶂耸摩天，招提岩际悬。
青堆鸟巢树，翠霭鹿柴烟。
凿石通幽径，穿墙度野泉。
团焦遗址在，欲扣祖师禅。

栖落在故乡枝头歌唱的百灵

富民坝子太小，四面青山环绕，螳螂川如玉带一般，蜿蜒划过小坝子。我常想，为什么富民出不了伟大的政治家，是不是这封闭的环境局限了富民人的胸怀？但是，上苍好像也还眷顾这抬头见山、低头临水的富民——富民的巍巍青山以其雄浑铸成了富民健儿的英雄豪情，富民的悠悠螳川以其灵秀赋予了富民赤子诗情画意。于是，富民既有爱国如爱家、精忠报国的英雄，也有蕙心兰质、璞玉浑金的骚人墨客，更有敏锐执着、超凡脱俗的艺术大师。

美术大师廖新学和摄影家杜天荣就是其中的翘楚。

2006 年 4 月，云南省委召开云南"四个一批"文艺人才

廖新学油画作品《富民花大桥》

座谈会和表彰会，李广田、袁晓岑、杨丽萍等 32 人获“云南文学艺术卓越贡献奖”，富民籍美术家廖新学和摄影家杜天荣名列其中。只是，两名大师均已去世多年了。

廖新学和杜天荣两位艺术家，除了艺术的共通之处，其实还有着太多的共性。

大师的成长之路一般都很艰辛，否则人人都可以成为大师。

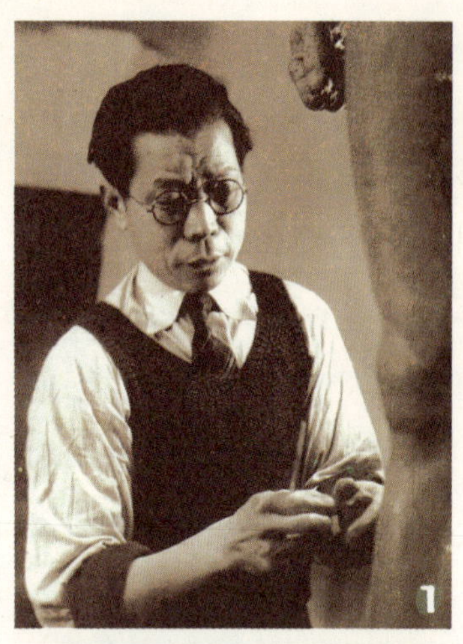

廖新学 1900 年出生于富民永定，8 岁时父母就相继去世，他只好替人放牛糊口。放牛间歇，他常用树枝或石头当画笔，以泥土地面或沙滩为画纸学习绘画；又用胶泥土为原料，捏塑各种动物和人物。年复一年，少年廖新学展露出了过人的艺术天赋。1919 年，他离开了心狠的东家，步行到昆明学画，在“如真相馆”做学徒，拜李鸣鹤先生为师学习西洋画和雕塑。1933 年，廖新学到了法国巴黎学习西洋美术。他住地下室，节衣缩食苦学多年，获得法国国立高等美术学院雕塑专科毕业证，于 1948 年回到祖国。

杜天荣 1928 年出生于富民县赤鹫阿纳宰山村，7 岁时便失去双亲，随姑妈生活。14 岁时，表兄周天铎创办了昆明千秋摄影室，迫于生活的压力，善良的姑妈就让侄儿杜天荣到千秋摄影室工作。杜天荣从暗房洗印技术开始学习，他被摄影这门新兴的艺术所吸引，很快便热爱上了这将伴随他终生的事业。他虚心好学，刻苦钻研，很快便熟练地掌握了摄影暗房的洗印技术，由于他洗印技术过硬，交到手上的工作常能尽快做完做好，这样他就有时间参与到摄影的学习中。

廖新学和杜天荣两人虽然相差近 30 岁，但他们曾有过交集。1948 年，由于千秋摄影室停业，杜天荣受廖新学之邀，到廖新学创办的新云南照相馆担任暗房技师的

1 廖新学
2 杜天荣

工作。由于廖新学、杜天荣两人是同乡，杜天荣在工作之余，有时也会随廖新学外出画画，并在廖新学的指点下，学到了一些素描和绘画知识，也曾留下一些习作。云南和平解放后，新云南照相馆公私合营，廖新学到昆明师范学院（现云南师范大学）创建艺术科，杜天荣到蒙自县（今蒙自市）协助该县成立了“新中国照相馆”。1954 年，昆明市市长潘朔端先生亲自签发委任状，任命杜天荣为昆明市美术服务部副经理。

作为海归美术家，廖新学在留法期间就已经誉满欧洲美术界。他曾 9 次荣获法国春季沙龙的金、银、铜奖。多个作品被收入巴黎博览会展出，铜制“少年头像”还被法国邮政选作明信片。西方美术界评论他“是欧洲最有影响力的中国画家”，称他为“中国美术家的奇才”。但是赤子的心总是连着祖国。廖新学在法国 15 年，曾有人问他想不想入法国籍，他很干脆地说：“我是中国人，不入外国籍！”临回国时，艺术界朋友不解，他一本正经地说：“我爱巴黎，可我这个放牛娃更爱我的家乡！”

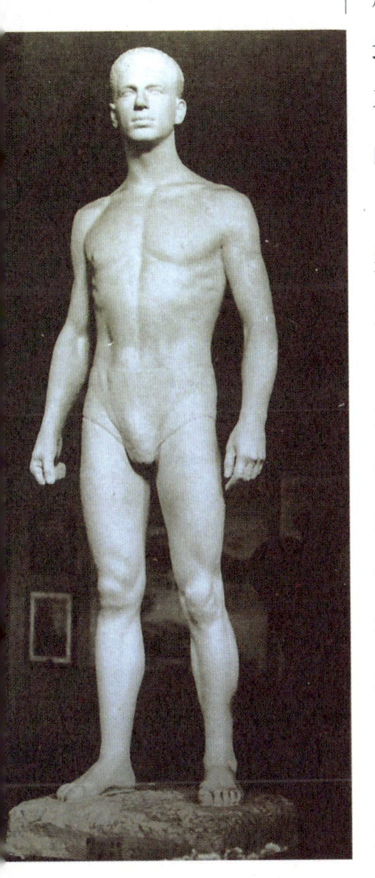

廖新学雕塑作品

艺术来自生活，离不了生活。只有深入现实生活，关注现实生活的作品，才可能成为优秀的、经典的、伟大的作品。作为螳螂川养育的赤子，他们的艺术作品大多是深入乡村、投身自然而创作出来的。他们留下了许多以描绘家乡、反映家乡为主题的优秀作品。廖新学有一幅油画作品《海埂》，就是他带学生到滇池边写生时边讲解边示范而创作出来的。无独有偶，杜天荣也有这样的一组作品——摄于 20 世纪 60 年代的《滇池怀旧》。他们还留下了许多春耕、插秧、麦收等等反映农村生活的作品。这些作品，在新世纪已经无法复制，他们用画笔和相机，为云南、为昆明叙写了一部断代史。

他们，一个是第一任云南省美术协会主席，云南现代美术的奠基人，云南新美术教育的开拓者；一个是中国摄影家协会理事，云南分会筹备组组长，云南老一辈摄影家中的翘楚。他

杜天荣摄影作品之一

们对云南艺术事业的贡献，越来越被后人所认知和肯定。

云南艺术家袁晓岑先生曾经为廖新学书法题赞：“作风朴实，品德高尚，献身艺术，精神永存。”这，应该代表了广大艺术家的心声。

作为一个土生土长的昆明人，诗人于坚对杜天荣作品的评价也很中肯：“这些照片更接近我感觉中的云南，它们成系列记录了云南生活，是灵动的云南。杜天荣拍摄的是云南，是一个天堂。记录云南和昆明的生活，100 年前有方苏雅，60 年前有杜天荣。”

经典之所以成为经典，就因为它们具有超前性和永恒性。我们面对新的时代，观念更新固然不可缺少，可提升人的品性，培育民

族精神是实现国家强盛的必经之途。那些速朽的东西是没有生命力的，我们只能从传统文化的经典中汲取养分和力量。

斯人已逝，对于廖新学和杜天荣这些家乡的艺术大师，名利对他们来说，已无任何意义。他们的作品，将会一直延续着他们的艺术生命力。

文化自信是一个时代命题，不忘历史才能开辟未来，善于传承才能善于创新。作为富民人，在历史的烟云里回望先贤，家乡的历史文化虽然不至于让我们自负，但这些先贤们遗留下来的这些传统美德，无疑是一笔宝贵的精神财富，我们的责任，就是增强家乡文化自信，继承和弘扬它们，为富民文化的创新做出自己的努力，这是我们应该做到的。

杜天荣摄影作品之二

杜天荣摄影作品

在普渡河畔，寻觅那些伟大的足迹

长征，有人说她像一支歌，永远唱不完；有人说她像一首诗，永远读不尽；有人说她像一个谜，永远猜不透；有人说她像一江水，那些像水珠一般晶莹透亮的故事，永远也说不完，写不尽。炮火横飞普渡水，红旗直指金沙江。八十多年前，红军长征曾先后两次过富民，为富民留下了许多红色记忆和红色财富。而普渡河（螳螂川），也成为红军巧渡金沙江北上抗日的重要见证。

一块石头丢入河中，溅起了无数小水滴，漾起了一圈圈的波浪。它所能造成的只是暂时的记忆，短短几秒，石头渐渐沉入水底，水面再次恢复平静，这便是忘记。一片叶子飘至水面，上面印着一个很淡的名字，它随波逐流，尽管它没有惊天地，泣鬼神，但却被岸边的人们永远地铭记了。

席慕蓉说："生命是一条奔流不息的河，我们都是那个过河的人。"生命之河的左岸是忘记，生命之河的右岸是铭记。我们乘着各自独有的船在左岸与右岸间穿梭，才知道忘记该忘记的，铭记该铭记的。

也许，普渡河就是这样一条生命之河。我们大可在它的两岸，寻觅那一串串伟大的足迹。八十多年前的中国工农红军，正是留下那些足迹的伟大的人。

富民县，史称"滇北锁钥"，是滇川古道元谋、武定至昆明的咽喉之地。八十年多前红军长征期间，曾先后两次过富民，为富民留下了许多红色记忆和红色财富。而普渡河，也成为红军巧渡金沙江北上抗日的重要见证。

沈家村：尘封的记忆

20 世纪 70 年代讲红军故事

款庄沈家村，这个村庄名字我至少二十年前就听到过，可直到几年前才去过。如果没有熟人带路，也不问路的话，我想，外人是找不到“沈家村”这个村子的——它与马街已经连为一体了。不过，与几分钟前才经过的、相对繁盛喧闹的马街相比，沈家村可谓古朴而宁静，令人恍若隔世。曲曲折折的小巷两边，灰黄的土坯墙壁透着岁月的痕迹；高处瓦檐间的衰草在夕阳下瑟瑟颤动；瓦缝里，一簇簇惹眼的野生多肉长得嫩绿而肥硕，让同行的美女眼馋而不得。几道破旧的院门，古色古香，有的敞开，有的紧闭。行走间，突然发现一堵贴了瓷砖的墙壁上，镶嵌着一块长宽四五十厘米的墨色大理石，上面赫然刻着“红军是工农自己的军队”几个大字。原来，这就是红军长征过富民时在土坯墙上刷的标语，主人家前些年翻建房子时，文物部门特意用大理石刻制了留作纪念。

一句标语，把我们带回到 85 年前的款庄大地。

1935 年 4 月 29 日，云南省寻甸县鲁口哨村，周恩来同志审阅签发了《中革军委关于我军速渡金沙江在川西建立苏区的指示》，这就是红军长征历史上著名的“万急渡江令”。

根据指示，红一军团的任务是由寻甸攻占嵩明，然后转向西北，过普渡河，攻占禄劝、武定、元谋，直取金沙江龙街渡口。接到命令后，林彪、聂荣臻率部队于 29 日分别攻占了嵩明县城、杨林镇，一部分到大板桥一带侦察、宣传，形成威逼昆明之势。4 月 30 日拂晓，红一军团从嵩明、杨林一带出发，兵分三路迅速向西北方向挺进。左路从杨林出发，经得食村、龙潭营，捣毁邵甸区公所，从嵩明白冲进入富民县境内，经翟家村、散旦街、十里坡、平地、阿纳宰，从黄家庄渡过普渡河，进入禄劝县境。中路从嵩明出发，经大村子、牧羊、冷水沟、果东，从过水洞进入富民县境内，经分水岭、阳关山，到达款庄马街。右路从嵩明县城出发，经竹箐口，翻越梁王山进入寻甸七甲，经乐朗、浑水塘，从高家村进入富民县境内，蹚过马过河，经徐谷地、多宜甲到达沈家村。

杜郎木桥全景

中路军与右路军到款庄会合后在多宜甲、沈家村、马街、李资树一带宿营。于是，为款庄这片红土地留下了许多佳话。

生在新中国，长在红旗下的一代，小时候都曾经唱过《三大纪律八项注意》，现在还记得部分歌词："第二不拿群众一针线，群众对我拥护又喜欢。"不过，那时只知道唱着这种干巴巴的歌词，并没有什么感性认识。因为共产党、红军，似乎离自己非常遥远，远到相隔几十年、几千里。如今，当我们走进富民地方党史，走进款庄，这句歌词以及歌词背后的红军形象才鲜活了起来。

4 月 30 日那一天，当数千名衣冠整齐、荷枪实弹的军人从马过河谷，从过水洞背后进入款庄坝子时，小坝子里炊烟袅袅，村里的人们也许刚从田里挑着豆麦回家，也许还在水田里插秧。马街的米行、马店、杂货铺里，悠闲的掌柜也许正在盘点着当天寥寥可数的账目。来不及躲藏，队伍就这样来到了街上，来到了村里，甚至来到了家中。虽不是赶街天，但几千人的涌入，小小的款庄坝子，一下子热闹了起来。

难得休整一下，明天还要急行军打仗，各部都抓紧时间筹集物资。街上，各家商铺里一下子基本塞满了红军战士，掌柜、伙计们顿时不知所措。战士们操着有些难听懂但还和气的口音，拿出不多的大洋，买大米，买香油，买盐巴，买蔬菜。几句话的交流，掌柜明白了，他们公平买卖，不多拿多占，更不强买强卖。

村里更热闹。在李资树，在多宜甲，在下鹤飞，红军把土豪劣绅、地主老财家的仓库打开，把大米、腊肉拿出来分给穷苦百姓。

杜郎木桥

有的农户不敢收，战士们还送到家里。战士们到一些农户家歇息，不仅帮主人家挑水做饭，打扫院子，临走还留下东西表达谢意。多年后，在款庄地区还流传着一些关于红军的故事。在多宜甲，潘连芬家的人挑水做饭，慰劳红军，红军临走时送给潘连芬、潘连云两家各一盏小油灯。在李资树李翠莲家，红军做饭吃，借用了李家的菜刀，用缺了口，临走前照价赔偿。有的人家也许因听到流言害怕而逃走了，红军借宿，用了物品，临走时留下钱物，还写了字条说明情况。

这样的队伍，当然能够博得百姓的喜爱。许多贫苦农民争着为红军烧水做饭，抱草铺床，一路都有群众送水给他们喝；路途不熟，一路都有群众给红军带路，马街的杨兴富、花正贵给红军带路到禄劝的六棵、缉麻才转回来。临返回时，红军还给了他们大洋作为报酬。

1935 年 12 月 27 日，毛泽东在陕北瓦窑堡所作的《论反对帝国主义的策略》报告中第一次论述红军长征的意义时提出："长征是历史纪录上的第一次，长征是宣言书，长征是宣传队，长征是播种机。"从红军长征过富民的相关记载来看，我觉得这种效果并不明显。虽然红军也在紧张的行军宿营途中，也向百姓宣传革命道理，宣传抗日救国的主张，并且用石灰等颜料刷了许多宣传标语。

少年时期，读过肖锋的《长征日记》，里面常出现一项内容：宿营何地，扩红多少人。两年前，我去过会泽水城村红军扩红遗址。1935 年 5 月，为掩护红一方面军主力渡金沙江，被誉为"战略奇兵"的红九军团途经会泽，短短的 4 天时间，会泽 1500 余名有志青年踊跃参军，成为红军长征在滇扩红史上的一个创举。多年来查阅富民党史资料，走访红军长征路过的富民村村寨寨，我发现，虽然红军当年也做过一些宣传动员，但富民人很少有参加红军队伍的。我想，原因恐怕有两点：其一，红军匆匆路过，头天宿营，次日启程，没有时间扩红宣传，百姓对红军队伍了解并不多。再加上红军到来之前地方政府对红军的丑化宣传起了一些负面作用。其二，富民历来是富庶之地，款庄地区虽然当时属于寻甸县，但气候温和，土壤肥沃，物产丰富，历史上商贸发达，富甲一方，曾有"金柯渡，银可郎，款庄有

二十四卖米行”之说。中国农民阶级是历来具有强烈的反抗精神的阶级，同时也是最稳定的阶级。我想，当他们温饱已基本不愁的时候，是不会铤而走险走上反抗道路的。

东村全景

杜朗的春天

1935年5月1日，肩负重任的红一军团兵分两路离开款庄，一路经大庄、白泥塘从宜格村越过普渡河进入禄劝。一路经香山龙、下鹤飞、杜朗，从摸枝过普渡河进入禄劝。

春天的普渡河，水流细瘦，红军应该可以涉水而过。因此，我们可以想象一下那年的普渡河边人马喧闹的场面。如今，来到河边，已无法寻觅当年的足迹。好在，东村镇杜朗村，还留下一座红军桥。

杜朗村属富民县东村镇，离镇政府四五公里。地处普渡河谷，村下几百米就是悬岩

壁立的普渡河峡谷，峡谷对面，禄劝县的几个小村庄静静地卧在暖阳下。河谷海拔只有1500米，气候温热，土壤肥沃，温差较大，各种农作物自然都成熟较早。

杜朗的春天真的早。不过，杜朗虽热，但却不干燥。“杜朗”系彝语地名，意为出水的山箐。普渡河边的高山峡谷里，每条山箐几乎都有山泉水流淌。村边不远处就是一条深箐。穿过小巷，两边岁月斑驳的土坯房，土色泛黄，瓦屋顶上衰草萋萋。沿着村外的石板路，一两百米就看到了一座木板瓦顶的风雨桥，雄卧在小溪上。

我最早听说“杜朗”这个名字，就因为这座小桥。家在富民，前些年却很少到东村。这几年读有关家乡的资料，才知道“杜朗木桥”早在2001年就已经列入富民县文物保护单位名册。

那是1935年春，杜朗村文昌宫李正心道长，苦于村边溪谷较深，溪流湍急，杜朗及其附近村庄民众出行极为不便，捐资修建了这座风雨桥。桥长12米、宽3米，桥面用木板铺成，两边有木栏杆，顶上建有瓦屋面，横梁上刻有建造时间、捐建者及工匠姓名。

杜郎木桥

也许是机缘巧合，桥刚建好不久，就迎来了中国工农红军一军团的队伍。

“五岭逶迤腾细浪，乌蒙磅礴走泥丸。”虽然，对于半年多以来艰苦征战了几个省，跨越了五岭、乌蒙、湘江、乌江等名山大川的红军战士来说，杜朗村边这几米宽的小溪实在不算什么，可这支部队那天的任务是急行军近百里，攻克禄劝、武定县城，刻不容缓。所以，那个春天的早晨，杜朗村，一个道长、一座小桥算是帮了红军的大忙。

那个春天，对于中国工农红军来说，也是阳光灿烂的。从遵义会议到抢渡金沙江，是红军长征史上最重要的时期。在一百多天的时间里，红军在云贵川面临几十万名装备优良的敌人围追堵截，处境极为艰难严峻。在毛泽东正确军事路线的指引下，红军驰骋云贵川与敌周旋，纵横捭阖，历尽艰辛，四渡赤水河，取得了桐遵战役、南渡乌江、西进云南、抢渡金沙江的重大胜利。而富民东北一隅，普渡河畔这小小的杜朗木桥，见证了红军抢渡金沙江这一重大历史时刻。

这个春天，站在杜朗木桥上，我想，那个春天，杜朗肯定是春花烂漫，红得像火的是桃花，白得像雪的是梨花，粉得像霞的是杏花……只是我估计，前有堵截后有追兵，战事紧急，征途漫漫，红军战士们匆匆路过杜朗，恐怕没有闲心欣赏杜朗的漫山春色，恐怕也来不及品尝杜朗的红樱桃。清明过后，杜朗的樱桃肯定早已红透。据说杜朗村种植樱桃已有上百年的传统，现在还有上百年的樱桃老树，最大的樱桃树高达 15 米，每年可产樱桃数百公斤。如果战士们可以停下匆匆的脚步小憩一下，到普渡河中或山溪里洗洗征尘，吃上两碗闻名四方的东村大白米饭，慢慢品尝这又红又大又甜的杜朗樱桃，一定会为后来的征程增添无穷的力量。

小松园：炮火横飞普渡水

盘江三月燧烽扬，铁马西驰调敌忙。
炮火横飞普渡水，红旗直指金沙江。
后开鼙鼓诚为虑，前得轻舟喜欲狂。
遥望玉龙舒鳞甲，会师康藏北飞缰。

每次到小松园，我都会想起萧克将军的《北渡金沙江》一诗。

小松园不在金沙江边，甚至离普渡河也有几里地。这只是一个三四十户人家的小村。小村坐落在老干山北麓马过河与款庄河交汇处，山清水秀。前面是小河清清、田畴平缓的款庄河谷，右边是雄险奇秀的木板河和大黑山，后面则靠着由款庄逶迤而来的老干山。小村就雄踞在两河的断矶之头，占尽地利。两河交汇口下游三四百米的地方，人们筑了一道水坝，修了一座电站。堤坝将谷中的水位抬高了许多，形成一个“Y”字形的小湖。小村东边，一桥飞架南北，名为“大石桥”，连接乡内中民、祖库及寻甸县的鸡街等地。此桥是有名的“桥上桥”，下面一层是老桥，在两岸的石矶之间起拱而成，小巧、古老。后来，因两岸坡度较大，不便车辆通行，遂按河北赵州桥的样子，在老桥上新建了一座石拱桥。新桥高大、宽敞。两桥相叠，成了一道景观。冬春季节，河水清澈，有如明镜。弧形的桥倒映水中，就像三道彩虹。

就是这样一个风光秀丽的小村庄，天公却把它和普渡河、金沙江，和一场惨烈的战斗连接着，与两位叱咤风云的将军挂上钩，从而使得它有了血与火的记忆。这些记忆，凝结成了村子对面那座高高耸立的红军战斗纪念碑。

怀着景仰的心情，我曾多次瞻仰这座纪念碑。这座建于1997年的纪念碑，在桥北岸的小丘之上，背倚雄伟的大黑山，面朝巍巍老干山和富饶的款庄坝，脚下是奔流不息的马过河，气势雄伟。

小松园红军战斗纪念碑

2017 年 7 月，东村镇以纪念碑为主体，扩建为“红军长征小松园战斗纪念馆”，纪念碑形状略似天安门广场的人民英雄纪念碑，碑顶为金色五角星及红色镰刀斧头，碑身正面（向南一面）刻着“红军战斗纪念碑”七个金光闪闪的大字。碑座四方刻着碑文，记述了红军小松园战斗的情况。碑文如下：1936 年 4 月 8 日，红军长征中的红六军团前卫十七师进至富民县东村乡的小松园村时，遭敌靖卫一、二团及地方民团约四个团兵力的阻击。红军抢占老干山、大黑山制高点，与敌激战三小时后，转移到寻甸县的

胡家村和鸡街一线。在这次战斗中，红军英勇顽强，浴血战斗，不怕牺牲，伤亡了六十余人，歼敌两百余人，粉碎了敌军企图将红二、六兵团消灭于普渡河以东的战略阴谋。红军的英名将与巍巍的老干山永存！

小松园战斗和下游几公里的普渡河铁索桥战斗，使富民成了红二、六军团长征历史上的重大转折点。红二、六军团由寻甸出发，本来想抢占位于东村下游禄劝翠华境内的普渡河铁索桥，渡过普渡河以后挥师北上，沿着红一方面军的路线从皎平渡强渡金沙江。无奈在普渡河一线有滇军重兵堵截，后有中央军追击，虽经昼夜作战，已经夺取普渡河铁索桥，无奈堵截太多，只有撤回寻甸六甲一带，最终放弃了从禄劝皎平渡强渡金沙江的计划。往西经过富民、禄丰一线，辗转几千里，于1936年5月底从丽江石鼓渡过金沙江。

站在红军战斗纪念碑前，我眼前浮现出当时战斗的情景，耳畔回荡着隆隆的枪炮声。当时，正是春暖花开的季节，杜鹃花、小

小松园红军战斗纪念碑全景

雀花、各种野花开遍了山冈河谷。红军从高家村、小木板村顺河而下，向小松园进发。来到小松园，与滇军遭遇，红军抢占制高点，于是，枪声响起来了，哒哒哒，哒哒哒，响彻河谷。有人受伤了，鲜血洒在落满杜鹃花的红土地上，血、花、土，一片鲜红，红得惊心动魄。对面乐在村李家大院内，滇军旅长张冲下了死命令："给我堵住，不得让共军跨过普渡河！"红军前卫十七师军团长萧克站在马过河对岸山冈上，端起望远镜，看看老干山麓激战的两军，微微一笑："留下一团断后，大部队向北转移。"枪声远去，涛声依旧，经过三小时血与火的洗礼，老干山更加雄伟壮丽；小松园秀美的风景，也增添了许多阳刚之气。

站在纪念碑前，我想，枪声虽然早已逝去，但历史却告诉未来很多东西。这次战斗，一方是红军，主要来自湖南和江西，都是身经百战的优秀战士；另一方是来自三迤大地的云南子弟，他们也许才从庄稼地里被征发为军士，子弹的呼啸声使他们心惊胆战。不过，再往前几年，也许他们都是地地道道的农民。他们在老干山北麓遭遇了，彼此都素昧平生，但却打得你死我活。红军伤亡六十余人，滇军伤亡了两百余人，很多战士就长眠于此了。我想，如果这些战士不是牺牲于此，而是一年后开赴台儿庄抗日前线，那意义就更大，即使牺牲了，也更死得其所。最后，成功者书写了历史，他们的指挥官殊途同归，成了同志，一笑泯恩仇了。想必，因这次战斗而长眠于此的两军战士，早已一笑泯恩仇于地下了吧！

在小松园村转了很久，村舍、江水、青峰都沉浸在秋色之中，宁静而优美，全没有战争的痕迹。但是，只要转过头去，看到高耸的战斗纪念碑，似乎隐隐地就听到了枪声、号角声、滴血声。这座纪念碑，以凝固的形式，告诉世人，这里不仅有着优美的环境，也有过惨烈的战斗；这里不仅流淌着清澈的江水，也流淌过鲜红的血液。这里，群山巍巍，江水滔滔；这里，英灵永在，浩气长存。

我想，小松园这样的交通要道，是兵家争夺的地方，和平年代，此地美丽而富足；若遇动乱，这里遭到危害的概率就比别的地方大。庄严的纪念碑，虽然沉默，也许，它还想用无声的语言，昭告后人：国家安定，民之洪福！

邵家大院：一场特殊的晚宴

1936 年 4 月 11 日，云南省富民县一个边远的小山村——凤升乡赤鹫村，迎来了也许是史上最热闹的一天。一大早，就有一支数千人的队伍从东山下来，涉水渡过螳螂川，来到赤鹫休整。正是春暖花开的时节，清澈的螳螂川缓缓流过小坝子，两岸豆麦葱绿，油菜花金黄，蜜蜂蝴蝶在花间绕来绕去。江边，洗菜的、洗澡的、洗

衣服被子的，到处都是人，充满欢声笑语。

赤鹫大村南头大天井（地主、乡绅邵永昌家大院），热闹非凡。进门，是一个约三百平方米的青石板大天井，南北两边各三间厢房，东边一排五间前房。天井进去，是两个坐西向东的四合院。部队指挥部就设在东院内。门口，岗哨森严；院里，军官、勤务兵出出进进，还有人在杀猪、洗菜。

傍晚，东院豪华气派的正堂屋中，一场特殊的宴会开始了。

这场晚宴的出席人员特殊。

宴会主人——时任中国工农红军六军团团长萧克。

宴会主客——阿尔佛雷德·勃沙特（中文名薄复礼），1897年生，瑞士籍英国传教士。随同红军长征时间达560天，转战了贵州、四川、湖北、湖南、云南等5个省，行程达6000英里，是红军长征途中一名奇特的参加者。

这场晚宴的背景特殊。

两天前，红六军团长征途中，由嵩明、寻甸来到现属富民县的款庄、东村一带，经历了老干山、小松园、普渡河铁索桥等几次激战，跳出了敌军的包围，于当天清晨来到赤鹫大村休整。就在当天，贺龙率领的红二军团也来到了几十里外的富民县城外，并于当日傍晚攻克富民县城。第二天，红二、六军团将离开富民，按既定路线挺进滇西，渡金沙江北上川康。

这场晚宴的气氛特殊。

这是一场饯别宴。别看出席人员有红军首长和各种不同身份的

赤鹫风光

党外人士，可大家不分等级就座，厨师们随意上菜，无拘无束，气氛非常轻松。萧克军团长首先举起土碗站起："薄复礼先生、周素园先生、张振汉先生，感谢各位一直随同我们工农红军转战千里，一路上受了许多苦。今天我们在这里举行一场特殊的晚宴，为我们的老朋友薄复礼先生送行。薄复礼先生从贵州黄平跟随我们一路奔波几千里到了云南，给予了我们很大的帮助。但薄先生是一位牧师，也有自己的事业，我们不能一直耽误您。为表达对薄先生的真挚谢意。让我们一起干一碗！"说完，萧克军团长举起土碗，将一碗老白干一饮而尽，大家也纷纷举碗喝酒，薄复礼先生被50多度的苞谷酒呛得连连咳嗽，不停致歉。萧克笑道："没事没事，薄先生。大家都随意一点儿。长期辗转征战，难得今天休整，我们打了两家土豪，杀了几头肥猪，我还亲自下厨做了一道拿手菜——粉蒸肉，来，尝尝我的手艺。"说着，夹了一块肉给薄复礼。接着对他说："你是一位瑞士公民，瑞士不是帝国主义国家，没有同中国签订不平等条约，也没有在中国设租界地。而且一年多的相处，你已经成为我们的朋友，我们更不可能限制你的自由，况且你也有你自己的信仰和事业，所以我们决定放你走。"

席间，大家对薄复礼今后的去向提出建议。萧克甚至建议薄复礼，离开红军后，您仍可以留在中国，甚至还可以办一所教会学校。

宴会结束后，大家一一与薄复礼握手道别。红军保卫部吴德峰部长还专门告诉负责财务的同事，给薄复礼先生发放十个大洋做路费，并特别

关照他如何前往昆明。

同时释放的还有薄复礼的妻子罗达。

其实，按中国共产党的统战政策，这场晚宴应该是早就举办了的。

1934 年 10 月 1 日，时任贵州镇远教堂牧师的勃沙特与妻子罗达自安顺返回镇远，在经过黄平县旧州东面 5 公里处一个小山坡时遇到了长征途中的中国工农红军第六军团。

勃沙特夫妇与红军相遇后，被带进一间屋子里休息。红军送回他们随身携带的所有东西，包括银圆也如数奉还。当晚，勃沙特的妻子睡在一张木板拼起的床上，勃沙特睡的是一把南方式躺椅，而与他们同在一个房间里的红军士兵，则睡在潮湿的地上。

鉴于长征时期复杂、严峻的战斗环境，特别是部队药品、经费奇缺，面对勃沙特夫妇这样的外国人，虽然不能了解他们的真实身份，但红军首长认为，可能借他们教会的条件为红军部队解决一些实际困难。所以红军暂时扣押了勃沙特。

在红军部队里，勃沙特先后接触了萧克、贺龙、王震等红军首长，而他最先接触且印象特别深刻的就是萧克军团长。

位于赤鹫大村邵家大院的“红六军团释放瑞士传教士”遗址

随同红六军团长征的瑞士传教士阿尔佛雷德·勃沙特

红军占领了黄平，但对周围地形知之甚少。部队在一教堂内发现了一张法文版贵州省地图，绘图细致，只可惜标识看不懂。萧克请来了传教士勃沙特。昏暗的烛光下，勃沙特在萧克的指点下，用生硬的中国话，为萧克逐一翻译地名。两人连说带比画，地图上的山川、河流、村镇、城市，法文字母逐一附上了中国汉字。等到红军预定行军地区的详细地名全部译完，已是三更了。

萧克对勃沙特的友好合作十分满意。据他后来回忆说，此后红六军团在转战贵州东部和进军湘西时，勃沙特翻译的法文地图起到了非常关键的作用。

在长征途中，勃沙特对红军部队严明的组织纪律，以及不赌博、不抽鸦片的作风，留下了极其难忘的印象。他随同红军长征这一走，就是18个月，转战了贵州、四川、湖北、湖南、云南等5个省，行程达6000英里。要不是这次考虑到军情紧急，萧克主动劝他离开，他的长征路还会更远。除了共产国际军事顾问李德外，勃沙特是唯一参加长征的外国人。

1936年4月12日凌晨，红六军团离开了赤鹫，顺龙纳河而上，经富民县者北、罗免、西核桃树凹进入禄丰县。4月13日至25日，英勇的红二、六军团一往无前，挥师西进，挺进滇西，闯关夺城，一路披靡。4月25日至28日，红二、六军团18000余人马，经过三天三夜艰苦奋斗，利用7只小木船、10多只木筏，从丽江石鼓胜利地渡过了天险金沙江，胜利进入川康，赢得了长征战略转移中的主动地位。

勃沙特离开红军之后，不久去了昆明。后来，他着手整理自己在红军中的那段经历，利用不到四个月的时间，在他人的协助下，整理出一本长达12章、共计288页的英文回忆录。1936年11月，当红二、六军团还在长征途中时，勃沙特的回忆录——《神灵之手》，便由伦敦哈德尔—斯托顿公司出版发行，从而成为西方最早介绍红军长征的专著。1938年，当埃德加·斯诺介绍红军长征的《红星照耀中国》一书发行时，勃沙特的《神灵之手》早已向世界披露中国工农红军一年多了。

《神灵之手》虽是一本带有浓厚宗教色彩的书，有深深的基督教印迹。但在当时的西方社会，书中最引人注目的却是勃沙特对红军长征客观、真实的记录。勃沙特以自己的亲身经历和切身感受，向读者介绍了一支有着崇高坚定的信仰、坚强勇敢的精神和组织严明的纪律的红色队伍。并大胆呼吁年轻的基督徒们学习红军精神，以红军简练有效的办法，关爱穷苦民众，和他们同呼吸，共命运。

《神灵之手》出版后，颇受关注和欢迎。同年12月，该书在英国脱销，接着又发行第二版和第三版。1937年初，该书被译成法文，由瑞士艾莫尔出版社出版。

1985年11月，受萧克将军的委托，《长征——前所未闻的故事》一书的作者、美国记者索尔兹伯里在英国曼彻斯特找到了勃沙特。他携夫人前往勃沙特住所进行拜访，并转达了萧克将军对他的问候。

萧克将军得知勃沙特先生近况时，非常高兴。1986年5月27日，萧克将军委托中国驻英大使冀朝铸前去拜访勃沙特，并转交了他的一封信件——

久违了！从索尔兹伯里先生处知道了你的近况。虽然我们已分别半个世纪，但50年前你帮助我翻译地图事久难忘怀。所以，当索尔兹伯里先生问及此事时，我欣然命笔告之。1984年我在出国访问途中，曾打听你的下落，以期相晤。如今我们都早过古稀，彼此恐难再见。谨祝健康长寿。

1987年末，《人民日报》驻英记者对勃沙特进行了专访。记者看到，尽管90岁高龄的勃沙特满头银发，但精力还很旺盛，记忆力好得惊人。在记者的要求下，他还讲述了与红军一起长征的传奇

位于县城北边的“北邑碉楼”全景

经历。

螳螂川、赤鹫、邵家大院，有幸见证了那一场晚宴。那一场特殊的晚宴，必将载入史册！

碉楼巍巍

碉楼巍然，风劲犹闻红军号；弹洞犹在，月明常忆贺帅师。

富民县城西，白塔山、伽峰山、金鼎山几座小山依序而立。金鼎山麓有村曰北邑村。村中有一座碉楼，巍然屹立在蓝天白云下，碉楼墙壁上的瞭望口，从四面俯视着富民大地。站在碉楼下，只见一片片白云从碉楼的两重檐间掠过，天蓝、云白、瓦青、墙灰，你会感到天地的博大，你会感到碉楼的凝重。

北邑碉楼之所以能够保存至今，而且常有人前去凭吊缅怀，是因为它与一段历史紧紧地联系着。其实，一个地方也是讲缘分的，有帝王来过，便沾了王气；有文人墨客来过，便沾了书香气；有英雄豪杰来过，它自然也就沾了豪气。

北邑碉楼就充满了豪气正气，因为红军来过，贺龙来过。

富民坝子及周边村落，早年间大

多流传着一个传说。有大批的蝴蝶，红的，黄的，白的，黑的，花的……密密麻麻排成队，从东边束刻山上一路飞来，飞过东元、大营、县城、北邑、清河、拖担，飞往罗次那边去了，沿途村里的人都见过。蝴蝶飞过三天以后，红军来到了富民。

就是这座碉楼，见证了 1936 年 4 月 11 日富民的那一段不寻常的历史；也是这座碉楼，记录了贺龙元帅指挥若定的英雄气概。

1936 年 4 月，一个春暖花开的季节，红二军团在贺龙元帅的率领下，从散旦、束刻进入富民，经东元、砂锅村，11 日凌晨到县城周围宿营，由团长成钧、政委杨秀山带领的 6 师 18 团作为前锋，奉命监视富民县城，二营、三营驻横街、菜街，一营从小营盘过螳螂川迂回到武家营一线。军团大部队从肖家营过螳螂川，在旧城、北邑一带宿营。

县城被红军团团包围，县长郝煊非常紧张，他自封城防司令官，对城防做了部署，命令紧闭城门，禁止任何人出入。政警队的人反复鸣锣叫喊："司令官的命令，监视城跟脚，共匪上来拿刺刀戳！"郝煊集中守城民团、壮丁训话："我们富民城，城墙高，结实坚固，四周有护城河，城门一关，又有大家把守，谅他'老共'有翅膀也难飞进城来。大家不要怕，守好城，只要不放'老共'进城，到时给大家重赏。"郝煊虽然训话时十分激昂，但心里没底，怕得要命。当时，整个守城人员中只有几十条枪，八十多人的常备中队，加上新抓来的民团、壮丁，共计只有两三百人。这些民团、壮丁中，有的已年过五十，有的是十五六岁的娃娃，有的是大烟鬼，有的是不务正业的懒汉游民，都是乌合之众。这些乌合之众的武器主要有火药枪、长矛、大刀和棍棒。这时，郝县长的师爷给他出主意："'共军'来攻城，我们便向他们浇稀粥，这样，除能烫伤'共军'外，还能使城墙滑不留足，'共军'必然上不了城。"这郝煊病急乱投医，果然下令，让老百姓多熬稀粥。

入夜，红军乘敌混乱之机，神速架梯入城，一阵枪声过后，

位于县城滨河公园内的“红军长征过富民纪念碑”全景

夜幕降临，月亮升起，近三百名红军发起攻城。红军战士提着梯子来到城墙脚下。一阵手榴弹，城内顿时浓烟滚滚，鸡飞狗跳，哭哭喊喊乱了起来。在老百姓的引导下，红军翻进城墙，西门打开。守城民团原准备用熬滚的稀粥袭击红军，谁知枪一响，手榴弹一炸，就吓得四处逃窜。其他部队也相继占领北门楼、东门楼，打开北门、东门。城门大开，部队立即一拥而入，势不可当。不到半小时，红军就攻下了富民城。

战斗的结局毫无悬念，全团没有牺牲一名战士，只有 3 人受了重伤，几人负轻伤。县长郝煊等不来救兵，出城无望，城破时便躲到地主余文山家。红军去抓他时，他不承认是县长，在照片及群众的指认下，才瘫倒在地。后被团长杨秀山枪毙在卖鸡巷。县常备队赵中队长也失去了昔日的威风，躲到朋友家内房，狼狈地装成产妇卧在床上，床下还放了双小脚鞋子，躲过了红军的搜查。

从此以后，富民留下了一首民谣：

月亮出来亮堂堂，红军进城不打枪。
郝县长打死在卖鸡巷，胖中队长吓得装婆娘。

20世纪80年代，杨秀山、陈靖两位同志先后重走长征路来到富民。杨秀山将军专程去看望了当年救助红军伤员的大西山村李镇老人。被誉为“红军诗人”的陈靖抚今追昔，写有《富民忆攻城》一诗：“攻取富民记犹新，普渡南来巧登城。一粒子弹帽横飞，三架云梯衣卷云。攻下碉楼攻阁楼，砸开石门砸衙门。故地重游感慨多，昆明郊外过清明。”

1997年6月，富民县委、县政府在滨河公园建立“红军长征过富民”纪念碑，由萧克将军题词。

如今，站在北邑碉楼前，在春风中审视那些凝固了的历史，审视那金光闪闪的“爱国主义教育基地”铜牌，我不禁在心中想：理想万岁！信仰万岁！没有理想，没有信仰，何足道哉！

原来，北邑碉楼也是使人明辨道理，坚定信念的地方啊！

长征，有人说她像一支歌，永远唱不完；有人说她像一首诗，永远读不尽；有人说她像一个谜，永远猜不透；有人说她像一江水，那些像水珠一般晶莹透亮的故事，永远也说不完，写不尽。

我想，如果在八十多年前的春天，你清醒地知道全国的形势，明白红军的处境，你会坚信红军必胜，并毅然跟红军走吗？历史没有如果，但的确有那么一些人，他们始终坚信“星星之火，可以燎原”，他们怀着理想、信念，不要报酬，不怕牺牲，从瑞金走来，走过二万五千里，走到延安，一直走向全国的解放。他们中的一部分，曾在富民普渡河（螳螂川）畔留下了鲜明的足迹。他们曾在老干山浴血奋战，在雄伟的碉楼里瞭望，勇敢地登上富民的城墙，在这些粗糙的土墙上，写下遒劲有力的宣传标语。他们的精神，永远是天地间最巨大的力量。有了这种精神，自然无往而不胜。

普渡河（螳螂川），会铭记住这些伟大的足迹！

富民县城全景

文化昆明

FUMIN

第二章

桃花流水　黎阳生辉

富民千崖翠黛，万壑松风，近千平方公里山川多姿多彩、美如画卷，可供驻足观赏和静心体悟之处甚多。当你行走在螳川峡谷，抑或滨河大道，看时光绘就的风情彩画，听农人的四季牧歌，品本地的飘香瓜果，“桃花流水、云影苔痕”之美浸润在每个角落，纵使风尘仆仆，也自会赏心悦目。伽峰山、河上洞、东山学舍……每一处古迹，都沉淀了数百年的历史，隐隐散发着时光的味道。当你造访这些古迹时，也许，心灵就与历史相通了。“君子如水，随方就圆，无处不自在。择一人而白头，择一城而终老。”富民不大不小，不远不近，不喧嚣不冷清，是最适宜居住的地方。

螳螂川之歌

泰山不辞土壤，故能成其大；江河不择细流，故能成其深。大营河、清水河、龙纳河、木板河……一条条小河，一道道清流，与螳螂川（普渡河）一起，串起了富民不到一千平方公里的土地，润泽着十多万富民人民。整个富民县，全部都属于螳螂川（普渡河）流域，螳螂川，才是我们真正意义的母亲河，我们都是"一条水"的富民人！

一

"长江流，黄河流，滔滔岁月无尽头。天下兴亡多少事，莽莽我神州。"多年前，一首《江河万古流》，唱出了华夏儿女的心声。

的确，河流，宛如血管中的血液一般流淌在大地上。在地球的各类水体中，滔滔江河总是流动着，载浮载沉，一路滋润、一路养育，然后涌进大海。长江、黄河，就是它们，冲开了天地玄黄、宇宙洪荒，冲出了中华文明的新时代。从诞生的那一天起，中华民族就与长江黄河息息相关。她们是哺育中华民族的母亲，是生命之源、文明之源。从一定意义上说，人类发展的历史，就是一部认识江河、顺应江河和治理开发江河，从而推进文明进步的历史。

我对家乡富民的认识，也是从母亲河螳螂川—普渡河开始的。如今，若问我对家乡山山水水什么地方最有情感，我也会毫不犹豫地回答："螳螂川！"

几年前，我曾为她写下了一首颂歌——

我曾千万次地走近你，想与你亲昵地温存，你却不屑一顾，只听你惊涛拍岸，一路放歌，无羁北去；我曾多少次地投入你的怀抱，想亲吻你如玉的肌肤，你却那么无情，无意挽留，只见你翠峰如魑，碧谷似魅。即使是平坝之处，垂柳扶风、微波荡漾的河湾，亦让人感受诗一般华丽的刀光剑影，让人恐怖至极，让人留恋不已。

这就是你，螳螂川！虽然你在中国甚至云南都名不见经传。

你不如南盘江那样，源自洞穴清泉，浩浩荡荡，负载古滇文明，逶迤东南，成就两广的辉煌。

你不似澜沧江那样，裹挟高山冰雪，滚滚奔腾，承载中华文明，直奔南方，塑造东南亚文明。

螳螂川风光

你不似金沙江那样，汲取天庭圣水，迤逦曲折，成就华夏

河上洞风光

文明，倾入东海，融入世界文化。

但你有你的选择，你同样从远古走来，汲一壶滇池之水，凭借旷世的清丽，一路向北，倾入金沙江。穿越在古滇文明和长江文明之间，成为走廊，成为使者，让滇池文明通过你，与长江文明珠联璧合地交汇，使南蛮的子孙，汇入了中华民族的大家庭。

楚将庄蹻曾历尽艰辛，从遥远的楚地来到你的上游，饮着你的乳汁，开疆拓土，建立古滇王国；工农红军曾跋山涉水，从东方的红都，吸着你的灵气，迂回转战，来到你的下游，巧渡金沙。你让元谋人的后裔沾着你的古朴成就了融入中华文明的梦想，让这个梦成就在滚滚东逝的长江文明之中。于是乎，我们才在几千年以后有

幸去目睹古代文明依然十分艳丽的花朵，去解读一些难以想象的梦的呓语。我们知晓了河流与文明的胎生关系，我们清晰了河流与文明的一致走向。

你是暴戾的，高举文明的野性之剑，一路杀戮，一路横扫，让多少无辜成为你的美味，让多少稼禾成为你的玩偶。四野的哀歌更助你的野性，遍地的横尸更长你的气焰。你又是硕大的，你的善良只需一点，就会以其胜过野性十倍的温馨，去滋润万物惠泽民众，让所有的野性都成为麦穗上的籽实，让所有的温存都成为情侣们的呢喃。你是无知的，你将自己未来的苦难以其爽朗和豪迈一同漂去；你又是睿智的，让所有的力量都去点燃沉睡了几千年的希望。

记不清是哪一年了，我站在红军跨过的索桥上俯瞰着你，山腰的桃花还未妖冶，柳芽刚刚泛黄，风从身边呼呼地吹过，你却那么娇小，那么枯瘪，你夏日的丰盈没能舒展两岸干渴而卷曲的皱纹，深沉残破，怜悯之情，疼爱之心油然而生。以后有人告诉我，那一年是你最瘦的一年，即使在富民，你也几近干涸。

螳螂川风光

也记不清是哪一年，天天看见、一往情深的清流，变得

墨汁倾涌，泡沫叠耸，你从此不再有清丽和清爽。我与流水一同前往时，心亦让这些带碱的汁液浸泡，几十年为你开放的心花随之枯萎，几十年为你浇灌的心田自此污染。所有亲近你的希望从此老去，所有投身你的念头从此消逝。

如今，你的每一滴亮丽都牵动千百万人的目光，你的每一缕贞洁都震撼千百万人的心弦。所有的人都怕你枯去瘦去老去，一旦你以羸弱的呻吟告之我们时，所有的心都滴着殷红的血液，都睁大了双眼，眼巴巴地盼你尽快盈腴，一旦你的纯洁受到玷污，沿岸的所有生灵都怒火中烧，恨不得嚼碎那些恶毒的鬼魅，让你早日再现往日的形状。

哦，螳螂川，你应该如日月一样永远也不能老去，你应该如圣者一样永远也不被污染。沿岸的那些小镇——海口、连然、温泉、青龙、团结、永定、翠华……应该永远如粒粒圆润晶莹的珍珠，串在你这条碧绿苍翠的丝带上。

那是怎样的一条河哟，骄纵狂野，浪击飞鹰，涛卷天宇。

那是怎样的一条河哟，温丽柔美，润泽滇北，惠及众生！

其实，“螳螂川”只是金沙江一级支流普渡河一段的别称。

普渡河发源于昆明市嵩明县梁王山北麓上喳拉箐，流经昆明市的嵩明县、官渡区、盘龙区、五华区、西山区和呈贡区、

❶ 螳螂川夜色
❷ 金色螳川

2

晋宁区、安宁市、富民县、禄劝县等10个县区市，于禄劝县则黑乡小河坪子汇入金沙江。普渡河全长约380公里，流域面积约11090平方公里。习惯上将普渡河自上而下划分为4段，即盘龙江、滇池、螳螂川和普渡河下段。

螳螂川由滇池出口的海口中滩闸起至富民县赤鹫镇龙泉村止，全长63.4公里。从河上洞峡谷流入富民县境内，流经永定、大营、赤鹫等3个乡镇。龙泉村以下至金沙江入口称为普渡河，流经款庄、东村两镇，在东村镇沙坪小河口进入禄劝县。

泰山不辞土壤，故能成其大；江河不择细流，故能成其深。螳螂川本是一条不大的河流，可流经富民大地时，也汇聚了大营河、清水河、龙纳河、木板河等几条小河。一条条小河，一道道清流，与螳螂

1
2

1 螳螂川风光
2 金色螳川

川（普渡河）一起，串起了富民不到一千平方公里的土地，润泽着十多万富民人民。

我曾经多次带昆明文友到款庄东村采风，有文友问：“怎么同是富民县，你讲话我们听得懂，款庄东村人讲话我们有些听不懂？”的确，一方水土养一方人。富民县东部的散旦、款庄、东村几个镇，由一条龙泉河（木板河支流）自上而下串联起来，与富民坝子山水相隔，形成了独特的文化，包括方言口音。在富民县城，来自东边几个乡镇的人一听口音就可以很亲切地抱团：“我们是‘东三省’一条水的！”

其实，整个富民县，全部都属于螳螂川（普渡河）流域，螳螂川，才是我们真正意义的母亲河，我们都是“一条水”的富民人！

二

《老子》曰：“上善若水，水善利万物而不争。”水，气势磅礴，壮丽而优美。或一泻千里，或止若游丝，或静水流深，或上善若水。一泻千里是水的方向，止若游丝是水的温柔，静水流深是水的品格，上善若水是水的境界。

溪流细水，是大地母亲的血脉，涵养了所有的生命细胞；水，清澈、透明、晶莹，作为生命的源泉，是哺育文明的乳汁。北非尼罗河流域、南亚印度河—恒河流域、西亚两河流域、东亚黄

螳螂川风光

河—长江流域成为四大文明的发源地，正是因为有了水这一生命之源。

富民县东部，也有这样一条母亲河——龙泉河。

龙是中华民族的图腾、象征。龙文化上下八千年，渊远而流长，是中国文化的突出符号。在中华几千年农耕文化中，龙也与水、与泉密不可分，风调雨顺、五谷丰登是世世代代先民们的梦想。所以民间有谚："二月二，龙抬头；大仓满，小仓流。"所以，中国地名里到处有"龙"，无处不"泉"，直接以"龙泉"命名者也不少见，远到浙江有龙泉市，近到昆明有龙泉镇（现称街道），还有许多地方的河流名为龙泉河。

客观地说，富民县龙泉河其实只是一条名不见经传的小河。她只是普渡河支流木板河的一条更小的支流。龙泉河发源于散旦镇门前地和甸头之间的响水箐，全长约 42 公里。上游流经门前地、甸头、翟家村所处的鲁南坝子，称为鲁南河；穿过宝石洞，流经散旦坝子，至花箐称为龙泉河；下游从花箐以下称东村河，流经款庄、东村，在东村小松园汇入木板河。不过你可别看不起这宽不过两丈，深不及胸膛的小河，千百年来，她一直滋养着散旦款庄东村一条水、几个坝子、数十村庄、上万村民，他们在龙泉河畔默默耕耘，一代代地创造和延续着高原水乡独特而辉煌的农耕文明。

水乡花谷散旦，正是龙泉河畔一粒璀璨的明珠。

散旦镇位于富民县境东部，原属嵩明县邵甸乡。1958 年 4 月划归富民县管辖。据《民国嵩明县志》记载，民国时期的嵩明县邵甸乡分为邵外、邵内两片区。邵外大致为现盘龙区滇源镇一带："邵外则村落较大而团聚，一坝平畴度野，东西宽约六七里，南北长约二十里，且有多数龙潭水，以资灌溉，尤以黑龙潭、青龙潭二泉为甚旺。民居富庶，耕读并重，文化稍开，故治理亦较易为力。"邵内则大致包括现盘龙区阿子营镇和富民县散旦镇："邵内则分为数小区域，五、六甲则曰牧羊坝，八甲则曰鼠街坝，九甲则曰鲁南坝，十甲则曰散旦坝。"

邵甸多泉水，自古以泉出名。"邵甸泉声"为嵩明八景之一。有清乾隆年间江苏人孙铨《嵩明八景》诗之一《邵甸泉声》为证："稻畦阡陌水云乡，引得泉源灌溉长。声杂松涛来岭瀑，势吞涧碛涌波光。双峰夹峙烟霞合，万壑争流日夜忙。细听淙淙心迹静，何须更上咏浪沧。"

且不说作为盘龙江源头的白邑黑龙潭、青龙潭，鲁南坝、散旦坝更是泉清水碧，溪流盘曲的高原水乡。所以《民国嵩明县志》有记载："其首则以鲁南、散旦二坝，田土既沃，源泉尤丰。而较好盖鲁南一坝，获有门前地之响水箐龙潭一水，出潭即能冲碾。故四村田亩无多，仅足资其灌溉。流至散旦天生桥下，更益以龙泉洞之水，及银矿山左右二龙潭之水。其水量之足，全川附河一带之田，均资灌溉而有余矣。且其田坝地位较为低下，温度亦益增加，所以全坝均能栽种早稻。"的

宝石洞

确，水乡散旦不是吹出来的，这里不止有龙泉河，真正是“一锄头挖下去都是水”。沿河许多地方都有泉水涌出，大的龙潭有十多处，如盘龙村、关家营、摩所营等村边的龙潭，出水量都非常大。

记得幼时唱过一首儿歌：“我家门前有小河，后面有山坡。山坡上面野花多，野花红似火。小河里有白鹅，鹅儿戏绿波。戏弄绿波鹅儿快乐，昂头唱清歌。”峦峦的青山，百花盛开；潺潺的清泉，叮咚欢唱；清清的小河，蜿蜒流淌；平坦的坝子，稻麦飘香；缓缓的山坡，瓜果满缀……这不是陶渊明笔下的世外桃源吗？这里，正是龙泉河畔的散旦！

别急，这里还真有山洞。这就是宝石洞！由散旦街往东南约两公里，顺着龙泉河谷，就来到了宝石洞前。宝石洞四周植被完好，景色秀丽，清澈纯净的龙泉河自东向西从过水洞穿越山腹，蜿蜒千米后转而向北到达散旦坝子。水洞内水流平缓，

散旦全景。坐落在元宝之上的小镇

想进洞探奇寻幽，可以乘小船驶入。宝石洞名副其实，除了形态各异的石笋、钟乳、石柱、石幔、石瀑、石花外，里面还果真有宝石。在几处小平台，随便用木棍、铁铲或锄头翻开地上的沙砾，就会发现一颗颗光彩夺目、光滑润泽的红玛瑙、黄玛瑙、缠丝玛瑙、碧石和蛋白石等。

宝石洞还记载着人类进化发展的历史。1983年，云南省博物馆与省地质局考古人员曾在宝石洞内堆积物中发现了夹砂陶罐、缸残片及骨针、骨凿、灰烬夹层等，经过考察和鉴定，这里是新石器时代（大约一万年前晚期）人类活动的文化遗址。

散旦街129号，也曾见证过一段风雨飘摇的岁月。1923年，云南省政府为戡乱匪患，在散旦街勘划区域，成立了龙田县，设置县佐一名，常驻指挥监督龙田县境内治安及处理民刑诉讼事务。县公署就设于散旦街，即现在的散旦街129号。不过，这短命的龙田县仅仅存在了7年。如今，漫步龙泉河畔，在散旦街林立的钢筋混凝土小楼间，曾经的龙田县衙，这个颓败的四合院，青砖门楼、青石板天井、条石台阶、“大堂”及油漆斑驳的原木梁柱、青石柱础，一切依旧。

龙泉河也曾留下了红色印迹。1935年4月10日，中国工农红军二、六军团从嵩明县阿子营、鼠街、羊街、鹞鹰窝等地进入鲁南坝，经瓦厂、北冲、刘家村、翟家村到达散旦街。以贺龙元帅为首的二军团经束刻、东元、沙锅村一线，于11日下午到达富民，晚上攻下了富民县城。萧克将军为首的六军团由散旦经汉营、十里坡、平地、半路街一线，11日上午渡过螳螂川到达赤鹫大村休整。红军长征过散

❶ 龙纳河风光
❷ 花箐水库

旦，散旦龙泉河畔各村至今都还流传着许多红色记忆。

悠悠龙泉河，流去了峥嵘岁月，留住了丝丝乡愁。

水是生命之源，它主宰我们的生死，但它却不骄不躁，默默地为人类献出自己。“人间辛苦是三农，要得一犁水足望年丰。”清凌凌的龙泉河，为世世代代散旦人民带来了福祉。

散旦这个地名很有意思，外人不注意常常将它称为“撒旦”。其实散旦原为少数民族居住地，“散旦”系彝语地名“撒台”，意为少数民族“撒梅族”（彝族支系）居住的地方。如按照汉语解释，散旦意即散诞、逍遥自在之意。《清平山堂话本·快嘴李翠莲记》：“散旦又逍遥，却不倒伶俐。”用来形容今天的高原水乡、休闲胜地，倒是非常贴切。

绿水青山就是金山银山。小河、清泉、坝子，以及森林覆盖率达63.7%的青山，正是“生态水乡”散旦的金山银山。如今，散旦鲁南坝的无公害生鲜蔬菜，体验式旅游、养生、养老、休闲度假项目，廖营村的百亩荷花塘，十里坡的苗族风情，还有轿子山旅游专线沿线的二十多家农家乐的各种特色美食，早已经成了生态水乡散旦的亮丽名片。

出了花箐水库，过了迤六，龙泉河谷逐渐开阔，眼前又是一个水土肥美的小坝子——款庄。

相比上游的散旦和下游的东村，款庄坝子更宽更大，也更为富庶。因此，曾有人说“款庄”名称就来自“钱庄”。其实，“款庄”是因为明末归禄劝县管辖，距离县府较远且有普渡河谷相隔，不便缴纳粮食，后来就奉命折成钱款缴纳赋税，于是这片地方被称为“折款的村庄”，后来就简称为“款庄”。不过，款庄的富庶那也是早就有名的，清道光起，款庄地区划归寻甸县管辖，在寻甸，就有“金柯渡、银柯朗、款庄有二十四卖米行”的说法。

旧时的众多卖米行，就在如今的款庄镇政府所在地马街集镇。这“马街”集镇处于坝子中间，龙泉河从旁边缓缓而过。马街可算是一个古老的小镇。据传，明朝洪武年间，武定府土司阿英归顺朝廷，洪武帝赐他姓凤，授武定军民府总管之职。凤氏势力逐渐扩大，与四马头（款庄东村）土司安氏联姻，安氏将四马头作为嫁妆，随女儿一道嫁进凤府，款庄就成了凤家的属地。当时马街还无人居住，因地处平坝，水分充足，长满了草，凤家的马夫便将马赶到这里放牧。明嘉靖初年，凤安两亲家准备反叛朝廷，大量购置马匹充作军马。于是，周围村庄的农民纷纷将自己养的马牵到这里卖给凤家。凤家为了买马方便，便盖了些马圈关马。时间长了，人们便把这里称作“马市”。凤氏暴乱被平息后，这里照常有人来做马生意。渐渐地，人们不光做马生意了，

有人开始将农副产品拿到这里来交换，以物易物。小贩们也看准了这里是个发财的好地方，从外地买些日用百货到这里出售。马市逐渐兴旺起来，并有人到马市建房居住，人们也不再称“马市”而改口“马街”。经地方绅士商定，马街街期6天赶一次，逢马日和鼠日赶街。

作为龙泉河畔的中心，款庄不只富庶，而且文化底蕴深厚。“款庄多佳山水，因其远在深山，未经品题而埋没于朝云暮霭中，为可惜也。”（西村《凌云庵常住碑记》）于是，从清初开始，勤劳善良的款庄人们，受佛教文化的熏陶，先后在款庄地区修建了著名的“五庵六寺”，现存的还有永兆庵、凌云庵、白龙寺、三官寺等。除了“五庵六寺”，各村几乎都建盖有小庙。

众多的寺院庵庙，成了款庄地区一种特有的文化现象。客观地说，宗教是人类文明的重要组成部分，并对人类的政治、经济、文化发展产生巨大影响。崇尚真善美，这本就是人类的天性，佛教文化教人向善，对推动人类文明的发展肯定是起到积极作用的。更何况中国古代的佛教寺院对教育影响很大，且不说寺院教育是在官方支持下的自身

款庄

宗教教育，从中国教育史的发展历程看，佛教寺院教育对儒家的教育，特别是对中国书院教育的形成与发展都产生过很大的影响。另外，寺院良好的学习环境，也对读书人充满着极强大的诱惑力。所以历史上留下了许多名人在寺院苦读的故事。由于各方面的原因，富民的寺院教育没有最终形成书院教育，所以富民可以说没有正规的书院，但是，寺院（道观）对教育的贡献，到了近现代仍然很明显。富民近现代的许多新式小学、中学，建校之初基本是依托旧有的寺庙道观，所以许多寺庙道观都曾有过办学历史，为地方教育发展作出了积极的贡献。

比如，款庄地区的紫虚观和白龙寺、三官寺、永兆庵。

1924 年款庄地区一些热心人士，在坐落于太极山麓、始建于清康熙年间的道教圣地紫虚观，创办了紫虚观高级小学。这是款庄地区（当时属寻甸县），也是富民县第一所新式学堂。紫虚观小学初创时每年招收一个班（约 50 人），后来逐步发展壮大，最后招到了 3 个班，而且还附设了初中班。由于时局动荡，军阀混战，灾祸频繁，款庄人民生活十分困难，多数人上不起学，全乡没有一所中学。高小毕业后，要到寻甸或昆明去读初中，每年能读初中的学生只有六七个。1942 年，乡贤杨鑫、胡永祯、张墩和张树萱等人四处奔走，经寻甸县教育局批准，建立了紫虚观中学，原高级小学仍然保留，改为附属小学。生源以款庄为主，并惠及邻乡、邻县的部分学子。解放战争时期，受组织派遣，一些中共党员来到紫虚观中学，以教书为掩护，秘密从事地下党工作，为解放款庄培养了一批优秀的干部。在老师的教育培养下，许多学生从紫虚观中学毕业后投笔从戎，加入了边纵，转战寻（甸）禄（劝）边区，为解放事业立下了汗马功劳。

相比于富民县城周边，不得不说款庄地区人民的文化保护意识确实强。如今，当我们游走于款庄、东村一带的村村寨寨，保存基本完好的古代建筑比比皆是。近几年，在各级政府的大力支持和文管部门的努力下，经维修，白龙寺、李资树魁阁（永兆庵大殿）、乐在三官寺大殿这些保存完好的古建筑，都列入了市级文物保护名录。

上河图

1999年8月，中共云南省委、云南省人民政府批准款庄乡为革命老区。1935年、1936年，红军长征两次经过款庄，在马街社区居委会沈家村留下宣传标语，至今保留。1949年6月，滇黔桂边纵三支队在款庄成立了太华乡解放委员会，并以款庄作为根据地开展革命活动，为云南解放事业做出了应有的贡献。

如今，有人又为款庄这块红土地概括出了既反映历史人文内涵，又表现发展新姿；既凝聚款庄人勤劳智慧，又体现大自然鬼斧神工的“款庄八景”——白龙禅韵、紫虚道观、魁阁古楼、宜格石柱、V形太华、热水温情、接天茭园和红谷绝境。

龙泉河，流过了散旦，流过了款庄，流到了东村，终于与木板河一起汇入了普渡河。她，记录着古老散旦的悠久历史；她，见证着老区款庄的现在；她，伴随着特色东村的未来！

三

相比龙泉河，我更喜欢龙纳河的清幽。如果说螳螂川、龙泉河承载了太多的富民文化积淀，适宜访古，龙纳河则以她的纯净清丽，吸引着人们来休闲娱乐，静心养性。

龙纳河也只是螳螂川的一条小支流。她发源于禄丰县境内，从罗免西核村的龙闸坝水库流入富民，顺着河谷一路经罗免、者北东流，短短十几公里，到赤鹫坝子汇入螳螂川。

这条小河，曾记录着我十几年奋斗的青春；这条小河，曾见证着我难以割舍的情愫。

第一次来到龙纳河边，已是近三十年前。那是一个秋天，“Y”形的者北小坝子阴雨绵绵，坝子中的龙纳河宽达四五十米，浊浪滔天。两岸田埂坍塌，即将泛黄的稻谷浸泡在洪水中，树枝、青玉米秆、杂草、塑料瓶等等杂物随波浮沉。第一印象，龙纳河是一条暴虐疯狂的河流。

到了春天，才发现，龙纳河也是一条清幽而温柔的小河。小河边，几十米的河滩，有的地方已长起了杂草，绿意盎然；有的地方裸露着沙滩，白白细细的沙粒晶莹剔透。河里，或者说小溪里，水不及膝，清澈透明，大大小小的石块，东一块西一堆。河水就绕着这些石头或沙滩，迤逦而过。河畔，垂柳依依拂风，白杨浓荫匝地。

这个时节的龙纳河边，最适合踏春，孩子们更喜欢。来到河畔沙滩上，画一幅沙画，堆几座城堡，或随意撒撒野，一切都是那么有趣。每年学校春游，带着一群孩子，顺河而下，到了下河里一带小河边。沙滩上挖几个坑，一会儿，就渗满了清澈甘甜的水。女生在河边择菜、洗菜；男生找几块石头，搭起小灶，捡几根枯枝，烧起火来。于是煎炸煮炒，美味上桌。说是桌，不过是塑料布铺在沙滩上，大家或垫点儿石头、树枝，或直接在白沙上席地而坐。也有带了铁网，在炭火上直接烧烤的。整片河滩，整条河谷，春风中都是肉香。

春天的河滩上，最有趣的是捉石头鱼。插秧时节，水量骤减，水流被沙滩分成了细细的几条小溪，溪水中灰褐色的小石头鱼随处可见。把小溪上游水堵断，大石头下面的小潭水刚可没过脚踝，蹲在潭边，就可以看见一条条、一群群的石头鱼静静地停留在潭底细砂上，待你手伸过去，快要捉住时，它们早已飞速游到水更深处了。这种情境，很有点儿柳宗元笔下小石潭中鱼儿“日光下澈，影布石上，佁然不动；俶尔远逝，往来翕忽，似与游者相乐”的趣味。

河上洞风光

最悠闲也最有成就感的捉鱼方法是“守株待兔”式。河滩上有树荫的地方找一条或分一条小溪，下游适宜的地方放一块瓦片，让溪水从瓦片上流下，瓦片下放一把竹编粪箕或塑料小箩筐。完工，可以去自由玩耍或树荫下睡一觉，傍晚来收鱼，一般会有一大碗。下锅油炸，下酒特香。

近年，富民人又有一个好去处——被誉为“小九寨”的西核龙纳河谷。

过了西核村，沿着狭窄的河谷蜿蜒前行，两侧山坡树木郁郁葱葱，墨绿一片，轻轻摇曳的枝条慢慢摆动着腰肢，好像在和来人打着招呼，从灌木、阔叶林、针叶林按照大自然的安排有序排列，有的地方，密不透风，有的地方透出丝丝光线，还有的地方可以让你歇脚纳凉，多有大树底下好乘凉之感。

龙纳河已经缩身为一条清澈的小溪，从两山之间缓缓流出。溪水这样轻柔，听不见溪流的声音，也看不见水生生物的游动，只见不少鹅卵石镶嵌其中，把溪水荡漾起一串串微波，不然你会把溪水与周围的草地混为一体，一不小心，就踏进溪水里了。溪水清澈见底，洁净无瑕，把手伸进水里，手比平时白净许多。原想那么清澈的溪水，可以照照镜子，看看自己的样子，由于溪水太清，居然无法倒影。双手捧起一汪尽饮，不仅解渴，饮过让人神清气爽。饮用桶装矿泉水的芸芸众生，如果能喝上这种溪水，不知要降低多少生活成本。

再往里走，一个个小池塘接连不断。大的近一亩，小的一二十米见方。水如明镜，两边青山倒映于碧水之中，大师笔下的山水画卷也不及此。有心的人们给这些小池塘取了名字：

"明镜池""情趣塘"等等。池边，有人垂钓，有人烧烤，有人正在草地上搭帐篷。溪边，一架水车缓缓转动，装饰而已，这里并不需要车水。仰望山巅，白色的风车也缓缓转动，犹如这时光一样，很慢很慢。

四

江河，其实是有生命的。

江河，是地球生命的重要组成部分，是人类生存和发展的基础。江河孕育了人类早期文明，人类社会文明发展又积淀了江河的生命，也逐渐改变着江河的命运。

人类的生命变化是直观的，停止了呼吸和心跳，生命就结束了；江河的生命变化也是直观的，水中没有了生灵，生命也就结束了。虽然，她还在奔流不息。

年已不惑，亲身经历、见证了改革开放四十年的变化。在我们身边，感觉最直观的变化就是，天天相见、与我们休戚相关的母亲河螳螂川，四十年来，也在发生着明显的变化。

前几年偶有闲暇时，喜欢到库塘、江河去钓鱼，很羡慕许多地方的人在城区段的江河里都可以钓鱼。而回首家乡，螳螂川中已经二三十年没有人钓鱼了，无鱼可钓。

读清朝、民国时期的几本《富民县志》，里面都有以前富民水产的记载，还描画有图形，很羡慕古时的富民人——螳螂川中不仅有鲤鱼、草鱼这些常见鱼种，还有白鲦鱼、细鳞鱼、花鱼、灰鱼、螽斯、龙洞鱼等等从没见过的鱼类，可以自由地柳岸垂钓或划船撒网，然后大快朵颐。龙纳河、龙泉河中也可以随意捕捞。

其实不只在古代，青少年时期，螳螂川沿岸还有人钓

滨河小镇

鱼，小河沟里，也可以捞到鲤鱼、鲫鱼、小花鱼。螳螂川鱼类的绝迹时间，有人说是 1993 年。仿佛在一夜之间，水中就白沫奔涌，大大小小的鱼儿翻着肚皮，随波逐流而去。

螳螂川，就这样死去了二三十年。

我曾写过一篇题为《在螳螂川畔遥想滇池》的文章，把螳螂川喻为滇池的排尿管，螳螂川的纯净，就是滇池母亲湖健康的最好见证。

随着滇池流域综合治理工作的成效渐显，螳螂川水质也渐渐有了变化。河上洞峡谷，激流已显清亮；平缓的河段，水底开始有了水草；县城河段，已经有人垂钓。

螳螂川活了！母亲河，又获得了新生！江城富民，又充满了生机！

云上的风光：风车和野花演绎浪漫

富民盆地周围，青山环抱，云雾缭绕，近年修建了风力发电场，山间道路纵横，风车如一柄柄倚天长剑，直刺苍穹。高山大川，相依相偎，形成了风格迥异而又浑然天成的两道风景。到过富民的人，往往被这里的山峦、花海、雾凇、风车所倾倒，时时希望驱车或骑行，前往山巅，再睹云上的风光，细细体味风车和野花演绎的浪漫。

老青山：溪水和格桑花

老青山是富民的一个标志。

如果要写一篇《富民赋》，只写螳螂川，不提老青山，那此赋便如鸟失一翼，不能自由飞翔了。老青山又名“白云荡山”。《康熙富民县志》载：“白云荡山，在县西北二十五里，山高千仞，昂然独峙，可望滇池，且沙水包裹，群峰拱向，堪舆家以为佛地。昔年曾建有庵，今遗址犹存，俗呼大青山。”

清末富民籍诗僧月谷曾写过一首七言律诗，名为《登白云山》，描绘老青山秋季的景色。

数峰青峭白云晴，细路崎岖未易行。
夹硐新篁承日色，穿林落叶带霜声。
谁云罗汉留牛迹，我爱迦陵听鸟鸣。
风景不殊人事改，别来真觉岁峥嵘。

马场风光

老青山雄奇险峻，仰望山峰，不禁令人产生一种“巍巍乎高山”的感慨，总觉得要攀登山岭，难之又难。但真正去攀登了，才发现，登山的路很多，大路、小路，纵横交错，很多地方还可以通车。虽然曲折些，坡大点，但行走在那不断上升的山路上，心里总有一种兴奋之情。

老青山西北有一山峰，名叫金铜盆，海拔 2817 米，是富民县的最高点。由于山高，生长的主要是灌木。春季，杜鹃花开得很盛。冬天，雾凇景观十分惊艳。传说，峰下的山箐里有一水塘，很久以前，有个穷小伙帮当地大户人家放羊，每天他都把羊赶到这里吃水。一天，他发现吃水的羊呆呆地看着水塘，不吃水，也不离开，觉得十分奇怪，就走近水塘细细察看。一看，原来水塘里有一只蛤蟆，背上有一块亮闪闪的小镜子。他觉得奇怪，就跳下水塘，抓起蛤蟆，取下小镜子。回家后拿着小镜子玩，当镜子照到院里一株老槐树下时，但见槐树下有一堆白花花的银子。他十分惊讶，急忙找锄头来挖，果然

刨出了银子。原来，小镜子是照宝镜，哪里有金银财宝都能照出来。从此，小伙子成了大财主。人们说，山峰下到处都是宝，就把这座山峰取名为金铜盆。

老青山上有一个地方叫“鹿溪”，是富民的古“八景”之一。山峰环抱之间，有一块平地，一条溪水从中间流过，犹如世外桃源一般。溪水来自峰与峰之间的山箐，它们从高处往下行走，涓涓有声，像一个个活泼的孩童，从家里跑出来，去与小伙伴集合、游戏。溪水汇聚在一起，时而在深密的草丛中穿行，默默无声，捉迷藏一般；时而携起手来，围作一个圆圈，玩丢手绢呗，形成大小不一的水塘。有时，它们跳下岩石，现出灵动的身姿，勇敢而调皮。平地上的花草也是奇妙的，草厚，踩在上面，软软的，像踩在锦毯上一般。花不知名，但开得坦荡：开得迟又怎样，终究要开！花朵小又怎样，同样携带了生命的全部密码！被践踏又怎样，脚步过处，依然是一地的美丽！最后，连那脚步，也变得怯怯的了。森林、青草、野花、溪水、蓝天、白云，这样的环境，真是鹿群的生息之地。鹿是最有灵性的动物，它美丽、友好，传说

中，它还会幻化成美丽善良的女子，帮助人们过上幸福生活。先人早就认识到它的美好，在宴饮之时，就愉快地吟唱：“呦呦鹿鸣，食野之苹。我有嘉宾，鼓瑟吹笙。”想想，在古时，一群健美的小鹿呦呦地鸣叫着，来这里饮水。然后，奔跑、撒欢，那情景，多美好啊！

草地上搭建了五六个帐篷，还升起了几堆篝火，三五成群的孩子在溪边戏耍，空气中散发着烤肉的香味。这本该是人迹罕至、呦呦鹿鸣的地方，因着交通的改善，居然也充满了人间的烟火味，当是古人始料不及的。但仔细看来，这地方群峰环抱，水草丰茂，背风向阳，还真适合高人侠士隐居。你看，在山坡上搭几间草屋，在水塘边放几只鹅鸭，在对面山坡上种些土豆苦荞，不就是五柳先生家居生活的写照吗？冬天了，白雪皑皑，一个粉妆玉砌的世界，又何尝不美？《康熙富民县志》上记载：“鹿溪，在九峰山后，秀甲群峰，花果芬芳，清泉乱石，沁人心脾，九峰之别院也。”这说明，鹿溪当年是建有寺院的。这地方，还真适合建一座小寺，有人想来体验山居生活了，可以住上几日。这样的住山，宁静、淡泊，可让身心得到最大的放松。短短的几日，也许就能集聚起巨大的能量，再回红尘，又是生龙活虎。这样的体验，和鲁智深“哪里讨烟蓑雨笠卷单行，一任俺芒鞋破钵随缘化”的孤单与无奈比起来，自是不可同日而语。与那些在花花绿绿的帐篷里体验山居生活的人比起来，肯定强多了，环保多了。

山顶平地上，人们撒上了格桑花籽。到了秋季，这里就成了一片格桑花海。山坡上，红紫粉白相间的格桑花一直伸展到天边，与漫步的白云融为一体。这些花，形状美丽，色彩鲜艳，恰若亿万只蝴蝶在举办一场盛大的舞会。她们穿了最美丽的衣裙，在散发着清香的草地上，和着曼妙的音乐，翩翩起舞，一直舞到云间、天上。看花的人很多，他们在花间流连、跳舞、拍照，恨不得把遍野的鲜花打个包，带回自己百十平方

老青山

米的钢筋水泥房中，时不时地抖落出来，重新感受那种人与自然和谐相处的情景。两三架无人机在天空盘旋，居高临下，不断拍摄壮美图像，记录眼前盛大的花事。本地人段华礼曾以《临江仙·观老青山格桑花海》对这一景观做了描述：

又是一年长假日，秦臧千里清秋。山重水复路悠悠。绕行金顶外，花海眼前收。

满目彩绸天际去，霞间攒动人头。太阳西下欲还留。炊烟仍袅袅，岚气却飕飕。

马场：邂逅一场野花的盛宴

富民县城西面有一座马缨山，又名“玉屏山”，山顶叫马场。

马场风光，美得心惊。

马场这名字，就是因为养马、跑马而得。传说，古时候，官府在这里养马、驯马，此处所产之马，是良驹、是战马。平坦宽阔的草甸，让你觉得如同置身草原。你可以开着车，在广阔的草甸子上驰骋，让白云、自由的心情和汽车在高山之巅赛跑。当然，胜出的，总是那自由的心情。

马场的美是多元的，洁白的云朵，巨大的风车，美丽的雾凇，如毯的草甸……但最美的，当数山花似锦。游马场，其实就是在蓝天白云下，去邂逅一场野花的盛宴。

马缨花又叫“马缨杜鹃”，是杜鹃花的一种。春天，马场的马缨花注定是让人震撼的。转过山梁，一片火红的树林突然跃入眼帘，一直挥洒到蓝天白云之间。就像走进一个春天的桃园，满园的桃花，灿若云霞。但这片火红的树林比桃园壮美得多了，甚至可以说，没有哪一个人工的果园能与之相媲美。那

1

些高大的树，参天耸立，嫁接过的桃树，就是十株合起来，也不及它。它的红，如鲜血、如火焰一般，在天地间浸染、燃烧，艳丽到极致，壮美到顶点，绝不是那种带点脂粉气的桃花颜色可比。它的花朵，硕大、繁多，有如九星十八瓣的山茶花，个性张扬地缀满枝头，一点也不躲躲藏藏，一点也不小家子气……傍晚，山顶上刮起猛烈的风，把白云吹得飞扬起来，把马缨花的树枝树叶摇动起来，仿佛要把树木吹折，要把山峰撼动。但是，全不管这些，漫山的马缨花，依然无忧无虑地在春风中绽放，红的、白的、粉的、黄的，美得惊心动魄，美得无畏无惧。一整个春季，都这样张扬地美着。陆游是个极富想象力的诗人。他说："何方可化身千亿，一树梅花一放翁。"他若见到马缨花，大概也想化身千亿，把每一树马缨花

都好好欣赏一番、陪伴一阵吧。

马缨花在彝族中是吉祥、美丽、幸福的象征。过去，每年农历二月初八，当漫山马缨花红遍的时候，彝族人就要过马缨花节。青年男女，爬山越岭，来到马缨花树林，选一棵伟岸的花树，在树下祭拜、欢歌……

秋天，草甸子上开满了山花，多是些不知名的花，红的、黄的、白的、蓝的，一直开到天边。勿忘我长得很茂盛，肥肥厚厚的叶子间，开着一串串蓝色的花。那蓝色淡雅、幽静，正如她的名字，不热烈、不奢求，只在心里默默地诉说一段情愫，带着若有若无的希冀，带着如梦如烟的哀怨。这情愫，注定是渺茫的——把希望单纯交给别人，怎能预测人心，又何必高估记忆！马刺蓟高高地耸立在花丛中，叶上长着尖尖的刺，顶上开着毛茸茸的花团，黄绿紫白晕染着，羞涩地在风中摇曳。那些细长的刺尖，在阳光下发红、发亮，勇敢地守护着花朵。那刺，执着、坚毅，不在乎守护的花朵是否有意，不在乎花朵是否美好到值得令人为之付出一生而不悔，它依然故我，直到枯萎。蒲公英伸展着高高的花葶，开出黄色的小花，随后结成绣球一般的果球，山风吹过，伞状的花籽就随风飘荡，飞向不可

❶ 牧归

❷ 夕照牧场

❶远山
❷马场雾凇

知的远方，去邂逅一场惊艳的爱情。蒲公英有着最美的名字，如果有花仙的话，她应该就是花仙的化身了。但是，蒲公英也是最不起眼的植物，如果她不开花，不结出神奇的果球，人们真不会在草丛中注意到她的存在。但她一旦绽放，就高高地挺立在天地间，看不到她微小、匍匐在地上的叶片，看到的，是她高洁、飘逸在风中的美丽。看到蒲公英，总会给人以感悟：不管如何平凡，只要绽放花朵，结出果实，就有美丽的呈现。绽放，是飞跃；绽放，是升华。如果不绽放，那就不会有“蒲公英”这样美好、轻盈的名字了。一丛火把果寂寞地站立在小丘上，鲜红。小丘上没有大的乔木，这鲜红的火把果，正如旗帜一般，深情地吻着蓝天、白云。这个时候，山下的火把果已经落果了，但这一丛，却正在青春焕发。只要是种子，就要发芽；只要是花朵，就要绽放；只要绽放了，就要结果。不管冷也好，热也罢，不管早也好，晚也罢，深藏在身体里的生命密码就是一个永不屈服的精灵，一有阳光的召唤，它就变魔术一般地显现出来。

在马场的野花盛宴中，很多人总是喝得酩酊大醉！

大风垭口：风车、雾凇

富民县城南面的山顶上有一片地方叫大风垭口，海拔 2480 米，最高点风摆山，海拔

2622 米。2011 年，这里修建了昆明市第一个风电场，数十个大风车巍然耸立于山巅，在县城就能眺望这壮观的景象，形成了一道独特的风景线。

大风垭口是富民县与昆明市西山区的交界，如果用心寻找，完全可以在峭壁上找到刻有“昆明界址”四个大字的摩崖石刻。上面是上百米高的悬崖，字刻在离地约两人高的地方，苍褐色的崖壁上，苍劲的楷书字体与崖壁同色，每个字差不多有 50 厘米见方。多少年的风雨剥蚀，字迹已经有些难以辨认。石刻没有时间，作为富民县与原昆明县的界址标记，估计这石刻应该有百年以上历史。站在石刻前，人们难免思绪万千，感叹山河的恒久绵延，感慨历史的风云变幻。难道不是吗，你看，现在，昆明早已撤县设市，划成了好几个区县，原来与昆明并列的富民县，成了昆明市下辖的一个县。“昆明界址”这几个字，只是一种历史陈迹而已。

由于修建风力发电站，上山的道路已铺成了柏油路。几十米长的大风车都能运上去，所以道路很好行走。为便于人们观光览胜，风电公司在地势高峻之处，修建了几处观景平台。登上观景台，只见几十个巨大的风机，排成“人”字形阵势，像两条巨龙一般，在云雾间穿行。一条沿风摆山脊，向南蜿蜒，消失于莽莽丛林之中。一条向西，逐步下降，最后停留在螳螂川边，做巨龙饮水之状。雨季之时，群山

马场雾凇

雾气飘飞，巨大的风车若隐若现，仿佛游走在云端，给人增添了不少神奇之感。当雨过天晴、夕阳西下之时，伟岸的风车反射着缕缕红光，再搭配上千岩翠黛，万壑松风，真是壮美无比。

在远处观看，风车并不显得特别雄伟，转动也很慢。当走到风车的立柱下面时，人们才会真切地感受到风车的巨大。有人专门试过，风车的立柱，要十个成年人才能合抱过来。风车旋转着，像三柄倚天长剑一般，狠狠地劈向山风，不断地发出呼啦啦的响

声。听着这种声音，面对这样的庞然大物，不得不惊叹人类的伟大。

大风垭口有石峰、悬崖、山丘、草甸，可以满足人们登山、观景、休闲的需要。春秋季节，周末时候，城里人经常携亲邀友，到这里扎好帐篷，尽情享受蓝天白云、遍野山花。有时，在林间穿行，还能捡到五色灵芝。2015 年，富民县牵头组织的“爱上富民人文自驾游”，把大风垭口风电场和周边的松子房苗寨作为旅游推介项目，组织了几批昆明自驾游客到松子房苗家做客，吃苗家自制的麦面大馒头。许多游客在号称“小石林”的石崖边，非常兴奋地摆出各种造型自拍。

雪落高山霜落洼，这话一点也不假。昆明地区本来是不常下雪的，但大风垭口这些高海拔地区，则基本每年都会飘点雪。2015 年 1 月 10 日，一夜大雪之后，这里美如仙境，一丛丛松树、栎树开满银花，整片森林玉树琼枝。很多昆明人听说下雪，纷纷驱车前来观赏。曾经的草甸子，早成了白雪皑皑的世界。人们在上面堆雪人、打雪仗，玩得不亦乐乎。

就算不下雪的年份，这里也会形成雾凇。雾凇，俗称树挂，是低温时空气中水汽直接凝华在物体上的乳白色冰晶沉积物，是非常难得的自然奇观。它美丽皎洁，晶莹闪烁，极像盎然怒放的花儿，被称为“冰花”；它凌霜傲雪，在严寒中盛开，韵味浓郁，又被称为“傲霜花”；它是大自然赋予人类最精美的艺术品，好似“琼楼玉宇”，为人类带来了美好情愫，还被称为“琼花”；它把山河装点得繁花似锦，景观壮丽迷人，激起各界文人骚客的雅兴，常被文人雅士称为“雪柳”。大风垭口交通方便，是欣赏雾凇的理想之地。当气温降到零摄氏度以下时，一丛丛松树、栎树的树冠结满银花，如同高大的白菊花在怒放，整片森林成了如诗如画的仙境。那些含苞欲放的山茶、杜鹃，本来已经美极，再添了冰花，红中带白，美丽无瑕，更加显得娇艳欲滴。

马场风光，高山花海新能源

万木琼枝，常忆峰峦飞雪日；

一城灯火，还思垭口起风时。

大风垭口，真是一个美丽的地方。

望海山：坐看云起时

赤鹫和散旦两镇交界处的望海山很高，据说登上山巅，可以看见滇池。

走过很多山，经过几个苗寨，终于爬到了山顶。几个小山丘之间，是大片的平地。地上有天然的坑塘，有的大若足球场，有的小如农家的天井。这些坑塘，有的说是因陨石撞击而成，有的说是因有落水洞而凹陷。不管什么原因，总之就是两个字：自然。一切都浑然天成，全没有人工的痕迹。

小丘之间，牛羊是一道美丽的风景。黄牛和绵羊在平地上悠闲地吃着青草，没有鞭子，没有牧羊犬，也没有顽皮的牧童爬到牛背上，短笛横吹。牧人呢？可能枕着蓑衣，正在松树下午睡呢。他做梦，梦见天上的白云，都变成了洁白的绵羊，绵羊的毛好白、好白。那草，夹杂着各种颜色，五彩缤纷；那草，没有打过农药，味道清纯；那草，沾着白云洒下的甘露，鲜美异常。洁白的绵羊在草

望海山风光

从间漫步，走着走着，就走进了云间，那贴着地面玩耍的白云和贴着地面漫步的绵羊，浑然一体。

小丘之间，更美的风景是人。人们种上无边的苦荞、甜荞，还在山坳里建上几间看守庄稼的茅屋。荞花开时，漫天的白白与红红，把茅屋拥在正中。那破旧的草屋，刹那就光辉起来，美丽起来，最后，轻快地走到画家的笔下，走到摄影家的镜头里去了。在这里，人把枯死的老松树劈出一个平面，用木炭写上“登到山巅处，坐看云起时”的诗句，不在乎有多少人看到，只在乎自己的禅悟。

西边的那座小丘就是望海山的主峰。小丘上长着栎树、果松（红松）。栎树丛生，矮壮的枝干上长着很多树花。这些树花灰白色，千姿百态，每一片树花上，都散发着时光的味道。果松长得很茂密，形成抱团之势，共同抵御山顶的风霜。树下是厚厚的松针，踩上去，软软绵绵的，如同踩在厚厚的地毯上。走累了，可以坐下，抑或干脆就躺在松针上，幕天席地，美美地休息一阵子。在松针上休息，最美的当是夏天，凉爽，无与伦比的凉爽。冬天则不行，太冷，哈气成冰，消受不了。据说，下雪时，这里的积雪有二尺来厚，没过膝盖，二十多天才完全融化。登上丘顶——望海山的最高峰，据说可以望海——滇池。这里与滇池的直线距离有四五十公里，看到龙门一带，理论上应该是可以的。但多数人是没有这种缘分的，一是因为空气差云雾多，二是现代人的视力，或多或少有些问题。站在山峰之上，感觉最美的风景是云。云白，洁白，如仙女的裙裾，轻盈地飘荡在空中，白得耀眼，白得圣洁，这样的白，在别的地方是看不到的。云近，不是在天边，而是在眼前；不是在你的头顶，而是在你的身前、身后，甚至于，在你的脚下。风吹来，云飞扬，总觉得云就从你的耳畔掠过，把你的耳朵擦得痒痒的。你得时不时用手去摸一摸耳朵，看耳朵是否被白云擦伤了，看耳朵是否挽住了一缕仙女的白绸缎。脚下，是云海，一俯视，下面就是你曾醉酒的小山村，你曾时时仰视的群山；一迈步，好像就踏进云雾里去了。云雾浓时，一阵风吹来，一团团云雾从身畔飞过，调皮的云雾就在你

额上洒下几滴甘霖，凉凉的、爽爽的。

主峰下方百余米处，有一山坳，坳中有平缓的土地十数亩。山坳背倚山峰，周围长满了高大的红松、青冈栎和马缨花，地上覆盖着厚厚的腐殖土，踩上去，软软的。这土，最适宜种植兰花。左侧有一水潭，有两三张饭桌大小，清澈见底。真是山有多高，水有多高！据说，这泉水出水不大，约有筷子般粗细，但几十年如一日，大旱不减，大雨不浊。池边围有乱石，池底布满沙砾枯枝，大概很久没人清理了。几个“水板凳”由东窜到西，再由西窜到东，敏捷得如同闪电、如同精灵。小小的一潭水，和大大的一池水，其蕴含

雾锁秋色

的生命，大致也相同。

对望海山的美景，有人曾以《春日登望海山》略做表达：

林间十里看芳华，行过烟村三五家。
几树马缨还旧蕊，数丛蕨菜又新芽。
山登极顶雾成雨，春到浓时花作霞。
满目浮云难望海，故乡之外尽天涯！

捡菌：在山水间寻觅

富民的山是出菌子的。有天然林的地方就有菌子，海拔高的地方出松茸，海拔适中的地方出鸡纵、杂菌儿。

夏季，阳光和雨水让绵延的群山充满了生机与活力。山野的风韵和菌子的香味，成了一种有力的诱惑。对很多人来说，捡菌，踏着山水走向远方，已成了一种情愫、一种文化。

捡菌是需要经验和智慧的。物以类聚，菌因地生，鸡纵常生于平缓向阳的红土上，见手青、大脚菇、黄栗头等蘑菇常生于阴湿的栎树林中，奶浆菌生在松毛下，谷熟菌生在高海拔的山上。青头菌分布较广，各种林子里都有它的踪影。还有，天气也很重要，连续的阴雨和晴天菌子少，时雨时晴或雨过天晴的日子菌子多。有了经验，捡菌就容易得多了。当然，捡菌还得讲运气，真是“千人有千人的份，万人有万人的份”，这正是它有趣的地方。一个事物如果注定了只有一种结局，宿命一般，毫无悬念，那就没多少意思了。相反，如果一个事物有无限的可能性时，它就特别有趣，特别值得期待。捡菌就是这样，有时，同一个地方，在你前面走过了很多人，但你还是捡到了鸡纵、蘑菇。这些菌子好像和你有缘似的，在别人面前，它藏了身、隐了形，就只等着你来，它才美妙地现身，给你以惊喜。不过，虽有千百人到山上寻觅，但还是有很多菌子烂在了山间。这菌子，藏得深，太隐蔽了，不易发现，就可能自生自灭，不为人识；若是不注意隐藏，太过显眼，可能不待长大就被人们采摘了去。这样看来，原来菌子也像人一样！

周末，驱车到赤鹫、罗免、东村等地的山上，半路街、小水井也好，小甸坡、四垭口也行，都可以捡菌。这些地方，红壤，多松树和黄栗树、麻栗树，适合野生菌生长，捡到牛肝菌、青头菌、见手青、黄栗头、谷熟菌是经常的事，有时居然也能捡到鸡枞。捡菌，真是一种享受，纵情于山水之间，远离那万丈虹霓。顺手拾根干树枝，既当拄扙，也便于拨开杂草、松针寻找菌子。每次去捡菌，可以特别留意，尽量记住能捡到菌子的地方，以便来年再去寻觅，再去找寻那一份美好的记忆。体会不了“似曾相识燕归来”，就体会一下“似曾相识熟人来”吧。只是，人生，有很多场景，看着相似，其实已不再是当年的那条河、那片山了。

捡菌，最好带上老人和孩子。很多城里人往上数三代，大多是农民。与老人一同捡菌，他们一定很高兴。老人可以回想青春岁月的时光，一下就显得年轻起来。发现菌子了，就让孩子去采，大人在一旁拍照、摄像。回到家，再把孩子采菌子的视频或照片调出来，让孩子细看。这些时光，这些细节，都是最鲜活的存在，也将成为人生最美好的回忆。

捡菌可以锻炼身体和毅力。在风起云涌的中午，虽然太阳不算大，但爬山越岭，还是让人满头大汗。没有体力和毅力，那是不行的。往往爬到半山腰，就打退堂鼓了。当你克服困难，登上山顶，让凉风吹拂，听松涛阵阵，自然会觉得异常爽快。放眼四望，但见白云飘飞，平日热闹非凡的小镇，都跻身于山水之间，跟周围雄伟而绵延的群山相比，显得狭小而局促。站在大松树下，你可以指点一下山河，挥洒一下豪情，然后，再慢慢地从山顶往下走，体会一番“下山容易上山难”的道理。

醉翁之意不在酒，捡菌之意也不全在菌。捡的菌可能不多，但一家人其乐融融，路没少走，汗没少流，景没少看，也算一个收获吧。如果真想吃菌子，归去时，可以向路旁的山村小姑娘买上一筐。看小姑娘卖了菌子后高高兴兴往家走的背影，也是一种欣慰。

随后，不妨发一则微信，表达自己的感悟。

在捡到菌子的地方，
我留下了标记，
像那个寻找桃花源的渔人，
以便踏着青草，
去重温往日的记忆。

行走，寥落的寻寻觅觅，
都只为，山水和远方，
还有那，记忆与梦想。
山水，远方，在脚下，
记忆，梦想，在心上。

古洞：暗处的风景和故事

在深深的峡谷里，在险峻的崖壁之间，在一个毫不起眼的山峦上，那些古树枯藤的掩映下，忽然，就有了一个缺口，伸手不见五指的空间，向大地深处延伸，一直伸展到你想象不到的地方。古洞，隐藏了几多的风景和故事。走近它，就能观赏到暗处的风景，聆听到暗处的故事。

河上洞

河上洞因徐霞客的登临而闻名遐迩。但抛开这一段历史，河上洞也自有它让人流连忘返的雄奇景观和值得人们品味的文化韵味。

河上洞离富民县城 4 公里，因在螳螂川之上，得名河上洞。在晚春游览河上洞，是很惬意的事，你可以真正体会“几点桃花迎我笑，数行鸣鸟傍人飞”的诗意。本来，在县城里，桃花已经凋零，但河上洞由于阳光照射少，桃花依然开得很盛。就像白居易说的那样，“人间四月芳菲尽，山寺桃花始盛开”。拾级而上，进入幽深的古洞，突然迎面扑来一股凉气，让人精神为之一爽。这溶洞有个特点，就是冬暖夏凉。在寒冷的冬天，老远就能看见洞口冒着微微的白气，进入洞内，会让人感到比较温暖。而在炎热的夏天进入洞里，突然凉气袭人，让人感到特别舒爽。洞口有历代文人题刻，“古洞别天”及刘珍的诗就刻在这里。洞内空间开阔，长 130 米，最宽处达 25 米，各式钟乳石琳琅满目，造型奇特，如佛坐莲台、广燕凌空、雄狮伏卧、金鸡啼鸣、行人在途、千丘石田等，景

观气象万千，令人叹为观止。

出洞，站在洞口俯仰眺望峡谷，无限风光尽收眼底。那壁立千仞的崖壁，耸入云间的高峰，猛浪若奔的江水，总给人以雄奇之美。一些勇敢的人，在悬崖绝壁上攀缘，无畏的气魄，矫健的身姿，总是令人羡慕、敬佩。王国维说，“明月照积雪”“大江流日夜”“中天悬明月”“黄河落日圆”，此种境界，可谓千古壮观。不说诗，如果单说河山的雄奇，河上洞这一带的风光，也算是十分壮观。

现在，政府已做了规划，将把河上洞、螳螂川峡谷、马场风光等进行整体开发建设。到那时，古洞景观和文化蕴藏，将会带给人们更多的身心愉悦。

整条河谷落下夕阳的碎片
雨的碎片，石头的碎片
然后就沉寂了
只剩一座山崖，在巍峨入空处
盛开出一朵巨大的白莲

河上洞洞内钟乳石

洞口豁然，粘贴在时间上方
黑暗，潮湿，空寂无声
就连心事都伸手不见五指
只有诗句，在平仄对仗中
生长出苔藓

四百年前，徐霞客从小路走来
竹杖芒鞋，他隔着两岸猿声
追随几盏欲罢不能的灯火
在青色的风中，用汉字
点燃一个饥饿的黄昏

我们悄然靠近水声，听见
马帮走过，樵夫离开
大河之上，烟雨空蒙
多少故事都汇水而去

当更多水村与酒旗出现在两岸
螳川依然如线，洞仙早已不归
波涛细碎处，不知是谁
在今生与从前交接处
焚了一炷遥远的香

河上洞石景

本土人士张晓军，用他无数次以身心触摸河上洞的感受，写下这首诗，可以说是一种直抵心灵的理解。是的，这些古洞，就连心事也伸手不见五指，但我们依然可以从它那些石笋、石钟乳、向外弥散的白气中，从它那些化石、传说、信仰、诗文里，窥见它的一鳞半爪。这一鳞半爪，也许就显露了些许天地玄机和历史信息。

1930 年，地质学家王曰伦到此调查，把采集到的古脊椎动物化石交古生物学家杨钟键鉴定，鉴定结果发表于《中国地质学会会志》第十一卷。1937 年，著名地质学家翁文灏派弟子卞美年（美籍华人）、贾兰坡、杜林春再次考察发掘，在洞内采集到大熊猫、剑齿象、犀牛、野猪等古脊椎动物化石，断定其时代大约和“北京人”相当，引起国内外学者的关注。此后，晚年的贾兰坡、卞美年还于 1984 年和 1986 年到河上洞考察过。从这些考察结果，可以看出，十万年前，河上洞就与高等动物开始了亲密接触。

河上洞与人类的亲密接触，应该也是历史悠久。传说，古时候有一个老和尚在洞中修行，得道之后便悄然而去。所以，河上洞又名“和尚洞”。据《康熙富民县志》记载：“（洞内）并塑佛像，向有高僧修习于此，又名和尚洞。”洞内大厅“南海观音”前有先人所凿香台，周围及洞顶钟乳石已呈暗黑烟火色，足见往昔香火之盛。

有文字记载对河上洞大力开发的，应该是明代富民县令刘珍。他写了一篇《河上洞记》，文中说，河上洞隐蔽在草丛之中，虽有奇景而少有人知。自己于万历二十年（1592年）谪守富民，越二年，公事之余，游览河上洞，决定捐资修建，建好后，设置管理人员。“由是涉洞之岧峣者忘其险，探洞之邃曲者悦其幽，而洞益奇胜，滇之人士登玩无虚日矣……书之以告将来，俾知境胜之发，自岁之甲午（万历二十二年，即1594年）始也。”按此记录，河上洞开发至今已有四百多年历史了。刘珍还为河上洞写了两首诗。两首七律影响较大，以后吴正心、彭兆逵等几任县令都唱和过。县令朱彬，虽然生平不详，但诗写得很好。他的唱和诗《游河上洞》收录于县志。诗文如下：

岩前坐久息微微，维著扁舟傍石矶。
一窍洪濛孤月照，半空苍碧淡烟霏。
丹岩自昔珠龙化，白日于今海鹤飞。
觅得洞中真湛寂，壶天不夜转阳晖。

又：

洞口桃花几度开，开时便是海东莱。
白云地下无人扫，明月天边有鹤来。
窟乳涓涓常滴沥，江流滚滚任迂回。
飘然有道来宾洞，带得烟霞上绿苔。

曾任《康熙富民县志》编次的清康熙时富民县学廪生贺谷，也曾作过两首名为《河上洞》的五律，收录在县志里。诗文如下：

古洞临山半，纡回鸟道长。
非缘蜃气结，疑有骊珠藏。
骤雨惊江濑，寒烟锁石床。

残碑方读罢，林杪挂斜阳。

又：

巉崖悬古洞，洞下绕江流。
窍自空中凿，山疑水上浮。
银涛翻石峡，绛雨润花洲。
胜迹今犹在，仙翁不可留。

古人用他们句式齐整、格律严谨、语义深奥的诗词对河上洞风光进行了描摹和赞美，显得那么用力与虔诚。他们是真正用双脚丈量过脚下这片大地的，对山河的雄奇险峻，有着最深刻直接的认识，他们算得上真正的旅行者。今天，很多人游遍了大江南北，攀登过五岳黄山，游览过三峡虎跳，进入过阿庐古洞，但他们更多的是倚仗现代交通工具，在飞去飞来，缆车上下之中，终究少了一些对大地的触摸，也就少了一些对奇迹的敬畏。游过之后，心里似乎并没有装进去风景的现实质感和历史风烟味道。所以，有时，静下心来，走进自然，走进奇观，哪怕只是近处的景物，只要用心去真实地触摸过，所得收获，也会不少。

宝石洞

宝石洞距昆明市区 23 公里，离散旦集镇 1 公里多，从富民县城经小水井，也可很快到达。因洞内有五彩石子，状如玛瑙，人们誉之为宝石，故而得名，是昆明近郊难得的好去处。

宝石洞

前后一清溪，欲觅桃源当漫溯；

东西三古岫，来寻宝石可攀登。

这是有关散旦宝石洞的对联。“三古岫”的“三”只是个略数，表示多的意思。其实，宝石洞是一个溶洞群，由宝石洞、龙洞、仙人洞、福临洞等七个洞组成，各洞大多互相连通，分上下九层，迤逦近两千米。洞内熔岩叠叠、怪石嶙峋、暗河涌动。洞壁布满石莲花、石笋、石幔、石帘，还有称作“道士下山”和“琼林仙姬”的石体像。洞底有温泉、冷泉汇为暗河，流入龙泉河内。洞内已发现的景点美不胜收，有曲溪盘绕、蝙蝠宫、送子观音、玛瑙争辉、水晶碧池、笋乳倒挂、千仞一缝、琼浆滴柱、珊瑚争芳、峰回路转、投石问路等等。宝石洞适宜徒步攀登，也可乘小船游览。游赏之余，可在洞外休闲娱乐，是一个山水洞石并美、休闲娱乐共适的景点。

从散旦集镇逆龙泉河谷往东南方向行走，一公里多就到了尽头。伫立谷底，抬头是一座绿色环绕的青山，山脚三个巨大的穹隆形溶洞映入眼帘。这三个洞分别叫过水洞、冷洞、宝石洞，统称宝石洞。冷洞和过水洞紧邻，与宝石洞相通。过水洞口，泉水翻滚着雪白的浪花，奔涌而

宝石洞

出。洞的尽头，是鲁南坝子，坝中有一条河流，名为鲁南河。鲁南河穿过一里多长的宝石洞，流向散旦，人们将它改了名字，称为龙泉河。龙泉河灌溉着散旦、款庄、东村三个镇的数万亩土地，最后汇入普渡河。水从洞中流出，据说人也可以从洞中穿过，到达鲁南坝子。当然，除非是探险，否则谁都是从山上的大路进入鲁南坝子的。那是一条四面封闭的山谷，谷中溪水清澈，鲜花盛开，两岸人家，房舍参差。暮春时分，落英缤纷，溪水流红，轻快地涌入深邃的石洞。这一番景象，俨然陶渊明眼中的桃花源和金庸先生笔下的绝情谷。龙泉河下游的款庄、东村两个镇，祖辈守望着这一溪碧水过日子。饮水思源，想想源头，竟然是一个美丽无比的地方，两镇人心里应该很是愉快！

秋天里，顺着右侧溶洞宽敞的栈道往里走，只见满洞千姿百态的怪石，那无数的石柱、石笋、石钟乳，美得让人心惊。在七彩灯光的照射下，洞内奇景迭现，若梦若幻，人们仿佛置身于仙境之中。栈道下面，流水潺潺作响，幽深的溶洞充满了生机和韵律。走到水洞的尽头，那里灯火辉煌，十分宽敞，如大厅一般，可容千人。如果此洞被梁山好汉占领，这里就是聚义厅了。当然，宋江当老大后，应该称作忠义堂。踩着钢铁制成的梯子，登上洞壁，眼前豁然又出现了另一个洞口，路边指示牌上写着“寻宝石处”。只要有兴趣，用木棍、铁铲或锄头翻开地上的砂砾，就会发现一颗颗光彩夺目、光滑润泽的“宝石”，在手电筒光下熠熠生辉。这些“宝石”有红、绿、黄、白各种颜色，有的上面可以见到如丝般的花纹，据说经地质工作者鉴定过，这些宝石是红玛瑙、黄玛瑙、缠丝玛瑙、碧石和蛋白石等。宝石洞不仅有“宝石”，还记载着人类进化发展的历史。1983 年，云南省博物馆与省地质局考古人员曾在宝石洞内堆积物中发现了夹砂陶罐、缸残片及骨针、骨凿、灰烬夹层等，估计是新石器时代晚期文化遗址。

寻完“宝”，沿着石级向上走，不一会儿，就看到了天光。出得洞来，已经身处山腰。站在石岩上尽情观赏，向上仰望，只见红枫吻着白云，天与山如同一对恋人；向下俯视，但见流水绕着孤村——美丽的别墅村，真是美不胜收，令人心旷神怡。

缓缓向下走，崖壁间，有一个巨大的石洞。洞口石壁光滑，却被烟火熏得黑黢黢的。这个洞还没有开发，洞口荒草丛生。据说，古时，当地官员姓苏，人们称之为“苏官”。“长毛”活动的时候，“苏官”防患于未然，带领百姓在这个洞中制造火药，在对面的银汞山修筑石城，作为防御之用。他亲自参与制造炸药，有一次，发生了事故，“苏官”被当场炸死。他的儿子毫不畏惧，继续带领百姓制火药、修石城，完成了老“苏官”的遗愿。后来，兵匪沿途劫掳，这里的百姓坚守石城，平安地躲过了战乱。听到这里，人们对这个石洞生出了几分敬意。再看那黑色石壁时，总觉得是一幅隐含着无限玄机的水墨画。如果细细观赏这幅历史画作，也许能从中品读出一些历史和人文的气味来吧。

洞外，两山之间，一片平地顺着龙泉河向外延展。河边建了些别墅，人工开凿的小溪在房子间流动，水声潺湲。溪的两岸，是鲜花，是绿草。房外的青山上，红枫点点。

唐代诗人贾岛写过一首诗，叫《送唐环归敷水庄》：“毛女峰当户，日高头未梳。地侵山影扫，叶带露痕书。松径僧寻药，沙泉鹤见鱼。一川风景好，恨不有吾庐。”看到敷水庄一带风景如画，诗人产生了不能拥有一幢房子的遗憾。其实，这种感情是贯通古今的，很多人可能也想在宝石洞前拥有一幢房子：在自家的池塘里养鱼，想吃了，就捞上一条，活蹦乱跳地煮了吃，那汤，一定很鲜。在空地上种梅、种兰、种竹、种菊、种菜、种果，炎夏时，就捧一本诗，在竹林间轻吟；下雪时，就堆一个雪人，共看满目的粉妆世界，看千房玉宇、万木琼枝……不过，天下之大，美景宝物，无穷无尽，谁又能尽数得到呢？只要心有美景，心存美好，身有一庐，就足够了。

过水洞

顺龙泉河而下，二十余公里，就到了过水洞。过水洞因有一股清泉由稗子田方向经洞内流出，故而得名。过水洞景色奇异，远近闻名，是人们游赏休闲的好地方。

从款庄坝子北面向南看，五华峰如一根竹笋一般，耸立在群山之中。过水洞就在五华峰和鹰嘴峰悬崖峭壁下，由水旱两洞互通组成，洞中有洞，洞内奇景层出，千姿百态。洞外山清水秀，云腾雾绕，四野花香，更有古藤飞瀑、悬天高阁，犹如人间仙境。

过水洞奇特之处，在于它上有悬峰，下有流水，而且规模宏大，要细细游赏，没有一天工夫是不行的。洞口，人们整理出百十平方米的空地，安放了石桌石凳供人们小憩。走累了，坐在石凳上，欣赏着潺潺水声，真是十分惬意。跨过小石桥，就进入了洞中。洞中长年流淌着溪水，夏秋季节，水量较大，哗哗之声不绝于耳。冬春之时，水量减少，涓涓轻响美丽悠扬。面对这样一条神奇的溪流，总让人惊叹于造物主的奇思妙想。沿洞前行，其洞高十余丈，宽四丈有余。洞顶有仙鹤抱蛋、八仙过海、鱼跃龙门的钟乳石景观。再往里走，一股清流自天而降，形成水帘瀑布，水雾腾腾，凉气扑面。看到这一幕，让人很容易地就想到了孙悟空所在的花果山水帘洞。

水洞上层有数个溶洞，洞长1100多米，景致十分奇险。洞内岩石林立，钟乳石千姿百态，在强光电筒照射下，有的如亭亭玉立的女子，凛

过水洞

过水洞

凛武士，有的似花、似草、似木，无所不有，给人以无穷无尽的想象。冷风洞直连旱洞，洞中有仙女散花、金山银山、取经路上、牛郎织女、千丘神田、十八相送、蛟龙下凡等自然景观，景观无穷，风光无限。金庸先生武侠小说经常描写一些奇山异水，如“绝情谷”、琅嬛福地等等，令人神往。金先生知识之渊博，想象之丰富，固然令人佩服，但是，自然界中神奇的地方，又岂能胜数。有的甚至是人们想象不到的，只能用鬼斧神工来表述了。

关于河上洞的来历，有一个传说。很久以前，有一位天将，十分希望能下凡了解民间的情况。有一天，王母娘娘下旨让他到款庄一带访查民情。他来到款庄坝子，看到老百姓日子过得十分艰苦，一问原因，得知是水在低处，地在高处，很多土地无法种上水稻。天将听后，禀报王母，便打通过水洞通道，将稗子田之水引到款庄，灌溉了很多山地，使款庄人民过上了好日子。

这传说很简单，但很直接。老百姓就希望有人关心民间疾苦，为老百姓办实事。

过水洞不仅有很多传说，还有实实在在的文物古迹。

清朝康熙年间，一位云游到此的僧人，看见洞内洞外幽雅的环境后，便在此修建观音洞，建了平台，塑了观音菩萨像，经营二十多年，使这里成为香火旺盛的场所。所以过水洞又叫“观音洞”。“破四旧”时期，这里被毁。现在，经过重修，香火日渐兴旺，每月初一、十五，这里更是热闹。

也是清代康熙年间，清枫道长在通天洞口建起玄天阁。玄天阁建在峭壁之上，气势雄伟，分上中下三层，上层供奉真武大帝。中层塑有三只眼的马王爷像，供奉马天君。下层塑有土地和山神的塑像。现在，这里还有一些遗迹。

游览过水洞，可攀上五华峰，或者选一高敞之地，一览款庄风光。款庄坝子地处两山之间，因海拔低，四面环山，夏季气温较高，出产的农作物很多，产量较高，在方圆数百里算是有名的“鱼米之乡”，故旧时有民谚说：“荞倘甸，瓜亦郎，款庄有二十四个卖米行。”款庄原名太华乡，“太华”即取自当地太极山的“太”和五华山的“华”。金秋之时，站在峰顶，只见款庄坝郁郁葱葱，茭瓜田的翠绿与稻田的金黄相互交错，河流、公路舒展地铺陈在生机勃勃的黄绿之间，显得壮观而安详。山水之间，一个个村庄鳞次栉比，显得美丽而富足。近处的款庄集镇，街巷纵横，一片繁荣景象。看着如此景象，不禁令人心生自豪，遐思无限。是啊，人民能够过上美好幸福生活，不仅在于山水的秀美富饶，更在于良好的制度、安定的社会环境。

石房及其他

富民溶洞众多，除河上洞、宝石洞、过水洞等以外，还有很多值得人们关注的古洞。这些古洞，都有着千姿百态的容颜，也曾有过或神奇美好或浸满烟火红尘的故事。古洞，是富民这本大地书籍上的一个个标点、一处处注释，它以最简略、最含蓄的方式，无声地展示着富民的神奇美丽；它以谦虚的姿态，静静地立于书页下脚或篇末，默默地做着注解或拾遗补阙的工作，最终使这部厚重的大书，丰满完整，熠熠生辉。

茨塘村穴居遗址

大营街道茨塘村后半山腰的宝石洞，是一个人类穴居遗址。现在，洞内拴马石、石马槽、碓窝，洞门外的石拱门，门前铺筑的石板路，都还有迹可寻。这些石灰石的遗迹，经历了数百年风雨和时间的洗礼，早已苔痕斑斑。暗黑的石洞，除了烟熏火燎之外，再也看不出昔年的生活场景，但那些沾染了红尘的遗迹，似乎正用一种特别的方式，向人们讲述早被遗忘的故事，每一寸顽石，那记录着一段故事的细节。这是一个石灰岩溶洞，洞外有一个平台，约300平方米。洞深80米、宽60米、高8米，大家随便估算一下，就知道这个溶洞的面积。4800平方米，以100平方米一套房子计算，这洞相当于48套房子。古洞宽敞，洞前平整，都为人类居住创造了条件。据调查，此洞自清代就有人居住，居住历史久远，有300多年，洞内住户多达6户60人。最盛时是清朝末年，住户家中雇佣短工、赶马工、放羊工、烧石灰工，人数达到100多人。为了防匪，当时在洞前的平台上，建有夯土围墙长60米，高4米，厚0.8米，设有4个枪眼。据说，此洞是昆明地区少有的穴居遗址，具有较高的历史价值和研究价值。站在洞前的平台上，春风暖暖地吹着，周边野花开得耀眼。土墙也不复存在，洞内是暗黑的一片，看不到它的广大深远，也无法探究这洞里发生过多少的爱恨情仇。但可以确知，这洞是一个宝藏，它本身也好，它所深藏着的历史和故事也好，都是如此。

东村镇龙潭村后有一个石洞，人们称大石房。石房有两个口，一个在东，沿山路可到达。进洞后，洞内平坦宽敞，可聚百人。再往里走，石洞逐渐变窄，上一段缓坡后，石洞重新变宽，呈现出另一个洞口，宽敞明亮，可容纳若干人。这个洞可算是奇迹，传说中的神仙洞府，大概也就如此吧。此洞虽称石房，却没有住人，是一个天然的公共场所。旧时，逢年过节，人们就来这里集合，架起一堆篝火，唱歌跳舞。当你站在洞中，完全可以想见，在古老的光阴里，人们穿着节日的衣裳，用淳朴的嗓音，唱出心灵歌声的情景。那歌声，充满了山水的清气；那歌声，充满了生活气息。微风吹来，洞内簌簌有声，仿佛一曲曲山歌正轻轻地飘送而来：山歌多来山歌多，山歌还比牛毛多。唱了七天八昼夜，唱掉一只牛耳朵。

其他如蝙蝠洞、天生桥干洞、仙人洞等等，也各有特点。蝙蝠洞多蝙蝠，洞内清泉流淌，洞外是马过河，河谷风光秀丽，清流浅滩，绿草红花，适合野游。天生桥干洞长一公里，里面有十余尊佛像。仙人洞嘛，自然有仙人的传说。一句话，这些古洞，都在默默地把心事向万物诉说着，它们都有很多故事飘散在风中。

最美山水间的悠悠禅意

天下名山僧占多。富民最美的山水之间，往往典藏着精美的古寺，在雄伟的殿堂抑或历史书页和口口相传中，它们与蓝天白云、青山绿水相互辉映，时时飘逸着悠悠的禅意。九峰山西华禅寺、天马山觉海寺、灵芝山灵芝寺、伽峰山飞来寺、万佛山庆寿寺、瑞嵩山白龙寺……当你走近这些古寺，它们都会用最美的山水，让你赏心悦目。同时，用一种直达心灵的神奇力量，让你深深地感悟。

九峰山：此处堪寻临济宗

说起九峰山西华禅寺，人们总会有一种敬畏的心情，因为它很有名。在明、清和民国时期，九峰山闻名遐迩，与四川之峨眉、大理之鸡足相为伯仲，成为中国西南三大名山之一。昔日还有九峰山十八下院之说，县内有灵鸟寺、天台寺、灵隐寺、普济寺、白塔寺等 6 个九峰下院，在县外有 6 个下院，在广西、贵州、四川有 6 个下院。

禅门临济宗大本山九峰山西华禅寺，位于县城西北 12 公里的南营村后，海拔 1900 米。因此山耸拔幽深，峰峰相对，数之有九，因而得名。据《富民县九峰山护国西华禅寺山照碑记》记载，“九峰山”象征“九品莲花”，“护国西华禅寺”喻为“西方七宝莲台”。九峰之名，分别为：群鹿峰、净瓶峰、秀狮峰、寿星峰、接引峰、钵盂峰、仙鹤峰、势至峰、白象峰。光是听听名字，就已经很美，如果有时间的话，逐峰攀登，一定可以观赏山川神骏，领悟更多的人生真意。

九峰山

九峰山，是一朵充满禅意的莲花，默默地绽放在历史的长河中，也绽放在芸芸众生的心灵里。

明万历四十四年（1616年），西湖灵隐寺高僧楚圆在此修行，这即是九峰山有佛寺之始。清康熙元年（1662年），灵药慧宗禅师由昆明移居富民九峰山，重新建寺。从此，九峰山熠熠生辉，禅意悠悠。康熙八年（1669年），“西华禅寺”全寺建成，共有18个天井，堂舍计有大雄宝殿、弥勒殿、观音殿、厢房、禅堂、方丈室、厨房、库房等120余间，僧众有40余人。“西华禅寺”在清咸同兵燹中大部被毁，重建后更名为“护国西华禅寺”，仍以九峰山通称闻名。

九峰山如此有名，跟灵药祖师大有关系。灵药和尚，字慧宗，明末清初高僧。俗姓赵，湖南澧州人（今常德市澧县）。18岁出家，得法于浙江宁波天童山天童寺临济宗第三十祖密云圆悟禅师。慧宗精于医术，得法号为“灵药”。一日，圆悟作偈曰：“东南岭下一枝梅，叶茂枝焦切莫摧。九九逢春寒艳发，也应令汝摘花魁。”灵

药大悟，遂承圆悟衣钵，是为临济宗第三十一世。灵药慧宗禅师开山重建西华禅寺以后，在弘法之余，广施丹药，拔苦济众。识者以为灵药乃“药王菩萨”应世。康熙十年（1671年）四月十二日，灵药聚众上堂说偈曰：“东倒西歪，世人难猜。了无一法，何必安排？”说毕，掷杖而寂。有《语录》行世。

在历史上，九峰山是一处驰名的风景胜地，吸引了很多人前来观光、参禅。有关九峰山的诗词对联，录不胜录。

到此遇相，旦日嚣险，领略得几点落花，数声啼鸟；
从难后定，一时想向，醉不完松间明月，竹下清风。

九峰山西华寺

这副楹联，不知何人所撰，在写九峰山的作品中，也算颇有心得。

清代富民县令彭兆逵游览九峰山，归去后写成七古长诗《游九峰山》一首，对九峰山的自然美景做了生动描绘，对西华寺的历史渊源做了阐述，也发出了山川永恒、人事须臾的慨叹。这种感悟，古今并无大异，珍惜光阴，也成了永恒的主题。诗的最后几句如下：

问山开辟诚何日，拮据何人成兜率。
众言灵药山祖僧，创得山来僧已失。
我听斯言感独深，古人徒自惜分阴。
山留僧去须臾事，天地茫茫那处寻。
要知真意堪千载，任彼沧桑几度改。
灵药果能祖九峰，九峰长峙祖僧在。

在富民做典史的建水人陈宏谟，一大早就来游览九峰山，并写下了一首《九峰山晓望》的七律，反映了当时九峰山的景色。

远眺西华寺

嵯峨石磴入层重，策杖先登第一峰。

脚底晴光空宇宙，座间爽籁浴章缝。

游人墨重添山色，晓翠纡青为鸟冲。

有客寻幽绿竹迳，茂林深处远闻钟。

1958年，九峰山西华禅寺不幸全部拆毁。2010年，崇化大和尚重新建寺。今天，九座山峰静静耸立在蓝天白云之下，众星拱月般守护着人间的庄严净土。重建的禅院金碧辉煌，大雄宝殿、东西厢房檐牙高啄，精雕细刻，雄伟壮观。建设中的观音殿、五观堂、云朝轩、大运堂、七宝台、日光殿、月光殿、伽蓝殿、祖师殿错落有致。走进大殿，阿弥陀佛、释迦牟尼佛、药师佛，三尊巨大的佛像映入眼帘。释迦牟尼佛前面左右分列着迦叶、阿难两位弟子。众佛法相庄严、造型细腻、慈眉善目，十分传神。大殿为木构建筑，所用木材均为合抱之木，做工精细，殿宇宏伟，令人叹为观止。感叹之余，不禁对重建如此宏大规模禅院的佛门弟子肃然起敬。信仰的力量真是不同一般，有信仰的人真是可贵、可敬！参观寺院，感受那份特殊的宁静与神圣，此刻，凡尘中的一切均已烟消云散。古语说“无事不登三宝殿”，真正体会过才知，有时并非功利，只为洗净心尘。

站在大殿前，极目远眺，莽莽群山尽收眼底。公路上车水马龙，远处厂房林立，工业化的喧嚣与此处的宁静形成鲜明对比。九峰如九片花瓣，将这方净土悄悄呵护、隐藏。天地造物果真如此神奇！九峰山，也许真是从天而降的一朵莲花，是天地间绝无仅有吧！此刻，人恰好处在莲心的位置，伴着风吟鸟鸣，可以静静地感受九峰环绕的气息。

从始建到现在四百年间，九峰禅院经历了数次兴衰演变，起起落落。曾经规模宏大、影响深远的寺院也有无常际遇，世间万物又怎会恒久不变呢？人于宇宙天地间，如恒河沙数，又怎奈何得了无常变化？只需心平气和，顺其自然，得意淡然，失意坦然，不以物喜，不以己悲，一切便云淡风轻了。可人世间有多少人能真正参悟、放下？“天下熙熙，皆为利来；天下攘攘，皆为利往。”人们对名利的无限追逐终究害苦了自身。身陷名利囚笼，又怎知青山妩媚、流水动人的诗情画意？九峰禅院，正因其经历种种风霜雨雪的考验和磨砺，更显得弥足珍贵。

大殿右下方有一池水，名禄运塘，相传当年灵药祖师主持修建西华禅寺时所用木材均由塘中运出。时光荏苒，物是人非。禄运塘内依旧生机盎然，灵药祖师的身影早已走远。当深秋之时，禄运塘上方层林尽染，经霜的树叶随风飞舞，落下满地金黄，最后变为尘泥。

觉海寺：故事倒映水中

以“觉海” 命名的佛寺很多，随便百度一下，各地都有。好多寺庙里也挂着“觉海慈航”的匾。觉海，指佛教。佛以觉悟为宗；海，喻其教义深广。

富民也有一座觉海寺，地处天马山西麓，位于县城南面 2 公里旧县和仓前村之间的红莲沼周围。《康熙富民县志》载：“觉海寺，在县南四里，元时建刹，外有沼，沼上建凤凰桥。”确切地说，觉海寺建于元代延祐二年（1315 年），距现在 700 多年，是富民县有文字记载最早的寺庙之一。建寺时期，富民县城在今天的旧县村，当时，觉海寺就在县城边上，应该是当时最有影响力的佛寺。

觉海寺坐东向西。据说，始建之时，在红莲沼之东约二十丈处建有大雄宝殿 3 间，大殿往西约七丈处建有中殿 3 间，大殿与中殿之间为大天井，两厢各建配殿 3 间。中殿往西约二丈为红莲沼，沼西是前殿（弥勒殿）。可以想见，当时，觉海寺把整个红莲沼围在当中，由西往东，依山势逐步升高，红墙黄瓦，飞檐翘角，古木参天，气势恢宏，环境清幽。当时，寺庙离县城只有一里，城中官员、居民，一有空闲，便可到寺中小憩，顺便接受佛法的熏染。一些有宿慧之人，可能与某个高僧，还建立了不同寻常的友谊，经常互相唱和、参禅悟道。

从仓前村左转，走一段泥土路，不一会儿，一座历史的、沧桑的古寺就展现在眼前。寺的东西两边是殿宇，中间是长形的池沼，池沼上架着一座双孔石桥。石桥的优美身形倒映在水中，微风过处，轻轻摇动，美不胜收。一潭碧水、一座双孔石桥，是这座寺的中心，也是这座寺的灵魂。

古藤老树

这潭碧水，就是传说中的红莲沼，那双孔石桥，自然就是县志上记载的“凤凰桥”了。相传，清朝康熙年间，四川成都人刘修贤赴任富民县令。路上，遇到一位书生。这书生风度翩翩，说也要到富民县赴任，虽不便细问，但刘县令对他很有好感。不久，走到一个村庄，书生与刘县令告辞。书生说：“今日与先生同行，甚是有缘。今后你我同在富民，还有相会的时间，就此别过。”说完，又与刘县令的随从说：“今日申时三刻有大雨，你们要走快点，不然会被大雨淋湿。”大家四处一看，天空万里无云，并不当一回事。不久，忽见西南方起了黑云，一会儿乌云密布，下起大雨。雨来得突然，又下得大，刘县令等几人都被淋湿了。这时，刘县令等人想起书生所说的话，觉得很是奇怪。刘县令上任后，找来当地绅士，询问城南方向有何名寺、名潭。一问才知，城南四五里的地方，有一觉海寺，寺中有一红莲沼。刘县令便备下香蜡纸烛，择日到红莲沼拜祭。当刘县令读罢祝文，只见池中伸出一只龙爪，顿时，疾风骤起，人高的大浪向岸边涌来，把刘县令随从打湿了，而刘县令滴水未沾。刘县令立即道：“我俩有缘同路上任，莫非你是吾县之真龙也？”霎时，池中水平浪静，清如明镜。此刻，刘县令才明白，那天与自己同行的书生，乃是真龙。据说，这沼无论旱涝，水量不减不增，水质从不变浊。刘县令在富民任职期间，全境风调雨顺。后来，他病逝于任上，因其清正廉明，深受百姓爱戴，士庶在城北建刘公祠一座，时时祭拜，以示感激和纪念。

随后继任的县令是山东历城人张钥。张钥善诗文，在富民留下了数篇诗文，在一定程度上丰富了富民文化。大概听说觉海寺风景优美吧，上任不久，他就游览了觉海寺。并写下了一首七律：

> 滟滟时摇觉海波，临池独坐意如何？
> 行藏只向心中问，冷暖还知世上多。
> 翡翠浴沙依绿草，蜻蜓立水触红荷。
> 慰农愧少郇侯雨，此处龙灵祷欲过。

诗写得非常好，语言生动，用典恰当，格律严谨，写景抒情有机融合，自然流畅，还表达了官员对农民的关切之情，十分难得。

池沼与石桥，从传说和历史中走来，神异而美好。就是现实中，这沼和桥，也同样美好。

石桥西面是三间前殿，粉红色的墙壁倒映水中，很美。石桥东岸是一株古老的梅子树，向红莲沼的一方弯斜着，树干粗壮，部分已经枯死，树的影子倒映在水中，像一条蜿蜒游动的苍龙。这株梅树有数百年历史，已入古树名木名录。彩云追月的日子，池中天光云影，显得更加神秘、灵动。当梅子树开花的时候，水中空中，都是白花，那梅花的香韵，似乎也漂浮在池面上，美丽而灵动，自有一股慑人的气魄。就是到了春天，梅花已到阑珊之时，这株老梅树依然给人以惊艳的感觉。

> 古梅古寺映池塘，更向桥边立夕阳。
> 半树芳姿堪入画，何须尽晤一红妆！

梅子树东边十数丈处，就是大雄宝殿，显得有些陈旧。现实中的觉海寺，似乎没有传说中的雄伟。

寺的北边，是一个更大的池塘，水清如镜。这池塘的水，都来自红莲沼。在池边，回望觉海寺，只见古寺在时光中静静地立着，碧水、石桥、殿宇，配着前后左右的山形地貌，整个寺，虽然破些，但巍巍古寺的风骨和精神，却一点也没有减少。古寺庄严、静寂，充满了一种“本来无一物，何处惹尘埃”的禅意，不声、不响，不悲、不喜，它完全有能力托起一个个神奇的想象和美丽传说。

关于觉海寺和红莲沼，还有另一个传说：从前，一个年轻的僧人四处游方，一天，他来到滇中，当路过一条激流时，一不小心，他把随身携带的、刻着自己法号师承等特殊记号的木鱼失落在水中，再也找不到了。以后，他辗转来到富民觉海寺，清苦的生活，让他对修佛产生了一丝动摇之心。一天，他在红莲沼边发呆，突然看见出水处浮起一个木鱼，在秋风的吹送之下，木鱼缓缓向他漂来。他捞起木鱼，仔细看后，不禁大惊失色：这木鱼，原来正是他一年前失落水中的木鱼。重新获得木鱼后，他觉得这是佛的意旨，是佛明示自己与佛法有缘，与觉海寺有缘。从此，他勤修佛法，不仅成了觉海寺的住持，也成了富民地方的高僧大德。佛是讲因缘的，小和尚的木鱼失而复得，小和尚精修佛法，那自然是他的因缘。

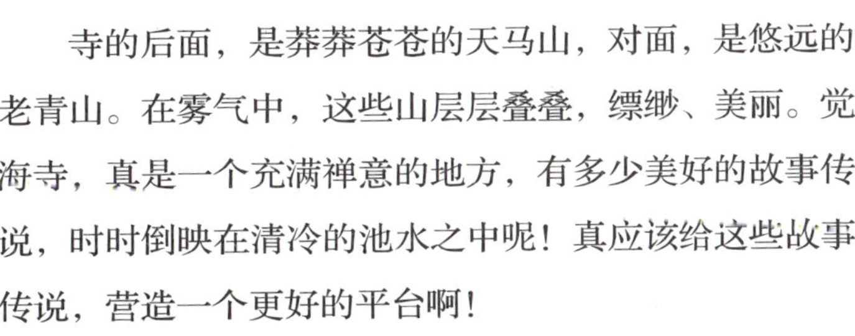

寺的后面，是莽莽苍苍的天马山，对面，是悠远的老青山。在雾气中，这些山层层叠叠，缥缈、美丽。觉海寺，真是一个充满禅意的地方，有多少美好的故事传说，时时倒映在清冷的池水之中呢！真应该给这些故事传说，营造一个更好的平台啊！

灵芝寺：把酒临风一赋诗

富民灵芝寺在县城西南，背靠灵芝山，面向富民坝子，环境十分优美。据《康熙富民县志》载："灵芝寺，在县西南五里。元延祐初建寺，曾产五色灵芝，故名，邑中胜境也。"在该县志中，被称作"胜境"的寺观，灵芝寺当属唯一。灵芝寺建于元延祐元年（1314年），初建时有前殿、中殿、后殿，前殿距中殿约100米，中间有一个大天井，可见规模十分宏大。任何一所寺庙，都难免会遭到损坏，但真正体现其生命力的，是看它能不能屡毁屡建，一次次得到重生。灵芝寺用它的经历，回答了这个问题。清康熙四十年（1701年），富民大地震，西南山崩，黄尘蔽日，地裂出黑水，灵芝寺地处震源中心，殿宇全毁，至雍正初年重建。同治二年（1863年）毁于兵灾，光绪四年（1878年）再次重建。1957年拆除殿宇，古树一同被毁，2002年重建大雄宝殿三间。

灵芝寺

现在，除灵芝寺大殿外，这里还有白龙宫、黑龙宫等建筑以及蒲团草、上静室、下静室等传说。游览灵芝寺，既可饱览风光，还可品味诗文传说。

从元山村开始攀登，踏着石板路，一步步向上走，有一种朝圣的感觉。若是春天，遍野的桃花，给人一种美艳的感觉。倘若秋晨，野菊花盛开在路边，一片连着一片，橙黄橙黄的，毯子一般伸向小路尽头。荆棘上，一树树的牵牛花，开得十分坦然，尤其是那紫色的花朵，缀满了晶莹的露珠，水灵灵的，让人感受到当下的无比美好。

据记载，寺前是蒲团草的遗迹，但现实中却难以找寻。于灵芝寺来说，蒲团草很有名，因为它与一个落魄的皇帝有关。相传，靖难之役后，建文皇帝朱允炆流落到灵芝寺，因长期颠沛流离，病倒了。卧病期间，寺内一个小和尚精心照顾他，还上山采来灵芝草，帮他治病。病愈后，小和

尚又悄悄地送建文帝到武定狮子山。小和尚违反了寺规，被住持罚跪，每天一个时辰，连罚两个月。一个月后，建文帝返回昆明到灵芝寺，向住持说明了事情原委，免了小和尚的罚。在灵芝寺期间，建文帝经常到寺前一个地方打坐。后来，这地方长出一丛绿草。绿草形似蒲团，草高叶茂，常年碧绿，刀割不光，火烧不尽。最为神奇的，是草上露珠繁多、硕大，有的甚至大如鸡卵。清代富民先贤杨撝秀曾作长诗《蒲团草》，末尾两句是："宁知此草特情多，年年犹为君王绿。"时过境迁，连寺也几经沧桑，怎么能指望一丛绿草自明朝绿到如今呢！

《康熙富民县志》收录了建文帝诗，据说寺里曾刻于石上。此诗名为《逊国后赋诗》：

> 牢落西南四十秋，萧萧华发已盈头。
> 乾坤有恨家何在，江汉无情水自流。

长乐宫中云气散，朝元阁上雨声愁。
新蒲细柳年年绿，野老吞声哭未休。

建文皇帝的故事在富民等地流传很广，虽然史料没有明证，但传说，有时往往就是一种真实的存在。多少的历史，不在书本里，却永远飘扬在风中……当你重新诵读这首诗时，尽可以想象一个老僧，孤寂地穿行于山水间的形象，然后，把一腔同情，默默洒向秋风晓雾，洒向未曾苍老的时光。同情弱者，是多数人的心理，是人性的光芒，这，也是一种慈悲吧。

在秋天的早晨，站在灵芝寺前，阳光从雾隙间透出来，淡淡地洒在青峰、古寺、露草上。露珠上闪着淡淡的光芒，微风吹拂，五彩的微光也就摇曳着，消散在山色鸟鸣之间。寺后青色的山崖，一半笼着雾气，一半沐着阳光，半明半暗，如梦如幻。寺前的几座小山，如数条长龙一般，起伏着奔向坝子。更远处的富民县城，白雾飘飞，若隐若现，有如海市蜃楼。

山不在高，有仙则名。同样的道理，寺不在大，有高僧就名声远播。灵芝寺是出过高僧的，据县志记载，康熙年间，有一名叫“无语”的高僧，在灵芝寺里诵经、静坐，冬天从不烧炉子取暖，夏天从不摇扇子驱暑，三十年如一日。他在山顶打坐，便有群鸟毕集，飞落他的周围，充当护法。当地人供奉他的衣食，他都分给贫苦人家。康熙二十年（1681 年），他忽然聚集僧众相告，说来年此日当与大家作别。到了所说的期限，他果然沐浴而逝，而其所住之处，异香满室，三日不散。

灵芝寺也是古时名人雅士喜欢登临的地方，有很多诗文题咏。清代康熙年间富民县令张钥游览灵芝寺后，写过一首七律《游灵芝寺》。诗曰：

古刹岧峣一望奇，昔年曾说产灵芝。
岩悬冷翠埋山径，水溅残苔蚀洞碑。
秋色逼人入座爽，斜阳恋客下林迟。
公余策骑闲登眺，把酒临风一赋诗。

张钥赋诗后十数年，进士出身的县令彭兆逵也慕名而来，并和诗一首，名为《灵芝寺和张令韵》。诗曰：

灵山天产特希奇，不数新昌五色芝。
胜景欲开三宝殿，芳名留作万年碑。
梵钟敲出连云远，僧钵捧归带月迟。
峻似匡庐真面目，谁为陶令更题诗。

现在人们读到这两首诗，遥想三百多年前两个县令游寺的情景，一定好生羡慕：原来，古时的县官，居然那么文艺范啊！

寺的右侧是白龙宫。小院子里，一间小屋里供奉着一男一女两个神像，两侧是虾兵蟹将。龙王夫妻并排坐着，慈眉善目，很有烟火味，还有男女平等的意思呢。其实，这里有一个美丽的传说：很久以前，灵芝寺旁的白龙潭住着一条苦心修炼、变化无穷的小白龙。他在潭中待腻了，就化身英俊潇洒的少年，云游四海。一天，他来到苍山脚下的洱海，立刻被洱海的美景陶醉了。小白龙忘情地在洱海边玩耍，遇上了洱海龙王的女儿，两人迅速坠入爱河。龙女不愿离开洱海，小白龙便入赘洱海龙宫。每年农历八月初一，灵芝寺开山门赶庙会的时候，小白龙就携夫人回来住一段时间，八月十八再回洱海。据老人说，小白龙很爱家乡，虽然去了美丽的洱海，但村里有困难向他祈祷，他总会想办法解决，还会送来及时雨。所以，白龙宫香火很旺，数百年不断。原来，爱家乡不光是凡人的专利，神仙龙族，也是如此。

黑龙宫在寺的下面，离寺一百多米。一壁石崖下面，小小的院子里，有一眼清澈的水井，看着很是幽深。上静室、下静室的遗迹现在已难寻觅，但清代县令杨体乾《登上净室漫成二绝》依然活在历史的书页和人们的心中，见证着上净室的昔年芳华。

其一：

万壑千山大地浮，登楼四望一齐收。
漫言五斗邀天末，真个南来是好游。

其二：

春日游春登绝巅，好山好水喜无边。
俯瞰陇畔青青色，更望千家歌有年。

站在寺前，人们总会想，寺，不再有原来的模样和韵味了；诗，很少有人记起和回味了，还有什么能够传承下去呢？难道这就是佛家所说的“一切有为法，如梦幻泡影”吗？仔细一想，灵芝寺不是矗立于青峰晓雾之间吗？张钥、彭兆逵的名字和诗文不是记录在县志上吗？小白龙、蒲团草的故事不是流传在百姓口中吗？曾经作为过，便会留下痕迹，哪怕只是传说，又怎会轻易湮没呢？

伽峰山：寺从何处飞来

“伽峰山”的“伽”在这里读“qié”。每一个去游览伽峰山的人，也许都会在心中产生诗意的。如果不能自己作，就吟诵一下别人写的诗也好。伽峰山在县城西二里许，是富民古八景之一。山小而尖，如一只笔头，突兀地耸立在县城边上，山上林木葱郁，给富民平添了几分俊秀。沿着曲径登上山顶，向东眺望，整个富民坝子尽收眼底：九曲螳川，万顷平畴，无数村落，一城烟火。周边还有飞翠崖、醒心亭遗址，玩够了，可以去飞云渡历险。在伽峰山游玩。如果没有诗意，是很没趣的一件事。

山顶有一寺，名为“飞来寺”。寺不大，但登寺，可览百里形胜，自然令人心旷神怡。坐下来听人讲一番寺的由来，也会让人觉得山水的神奇，人们想象的丰富。相传，这所寺选址于北侧金顶山麓，殿宇屋架立好那天夜里，所立屋架全飞于金顶山南的伽峰山顶。所以，待寺建好后，就取名为“飞来寺”。传说归传说，但在伽峰山建寺，的确比在金顶山好，一是伽峰山风光秀美；二是这里孤峰独峙，视野开阔，适于登高览胜；三是这里便于攀登。

民国富民县县长高权中游览飞来寺后，立足于“飞来”二字，欣然题写一联：

泉尚无名，空自何时流起；
寺终不语，是从哪处飞来。

伽峰山顶和对面的金顶山之间有一座“索桥”相连。索桥是现代化的钢绳桥，名为“飞云渡”，长 140.5 米，下临深谷，高 99 米，相当于 33 层楼高。

人在桥上走，云雾从身旁擦过，呼呼风声在耳边回响，桥微微晃荡，再看看脚下的深谷，胆小的人会顿时感到腿软心慌。不过你尽管放心，因为两边护栏高过肩膀，只要你有勇气，过“飞云渡”一点问题也没有。等过完桥，回首来路，似在云间，你心底可能突然就冒出一句：“害怕危险的心理比危险本身还要可怕一万倍。”感谢笛福，这句话说得太好了！你会觉得自己突然之间有了历险的经历，有了战胜自己内心软弱的力量。确实，很多困难并没有想象中的可怕，关键是要做一个内心强大的人。

越过飞云渡，攀山岩，绕绝壁，来到一座悬崖下，崖壁有模糊的题字，这就是飞翠崖。据《富民文史资料》记载：清康熙年间，富民县令张钥撰书《西山飞翠岩记》，石工王凯刻石于飞翠崖，字迹婉秀，艺术价值较高，1986 年收录《中国文物地图集》。登上崖顶，虽然寻不到醒心亭遗迹，但尽可饱览风景。近看，脚下是数百米绝壁，涧底水流潺潺；对面，伽峰山翠绿如黛，红墙黄瓦若隐若现；山脚，高楼耸天，似与碧峰比高。远望，富民小县城面貌焕然一新，座座高楼拔地而起；群山环抱的富民坝子生机盎然，密密层层的葡萄田，为大地披上了绿装，螳螂川画过一条斜线，穿过绿毯，隐入北山之中。面对如此景象，让人不禁联想起张钥三百年前流连醒心亭的情景。张钥登高，喜爱这里的风景，于是捐出自己的俸禄修建亭子。亭子建好后，率几个同僚及本地读书人来此游赏。张县令居安思危，处盛世而不忘自省：“因思古人游览，触处兴怀，上不忘乎君父，下不忍于民生。苟有补救，夙夜焦思，必措诸事而后即安。夫非以此常惺惺者，勤惕而不倦哉。”于是为亭子命名“醒心亭”，并对后人提出了殷切期望：“盖欲后之君子，登于斯，眺于斯，而印心亦于斯。”

虽然醒心亭旧址难寻，但是，站在飞翠崖顶，人们似乎已经找到了“醒心亭”——它就在每个人内心深处。假如每个时代的为政者内心都有一座“醒心亭”，都能够时时自省自律，警醒自己，上无愧于国家和民族，下无愧于黎民百姓，那么每个地方百姓都能够安享太平。每个百姓心里都有一座“醒心亭”，则人人可以自觉遵守国家法律，尽力治好小家之余，还可以“老吾老以及人之老，幼吾幼以及人之幼”，何愁和谐社会不能建成？

庆寿寺：一天岚气也参禅

万佛山庆寿寺，是富民县颇具规模的一座寺院。从县城向东望去，就可以看到掩映在绿树丛中的殿宇和高塔。

秋高气爽的日子，站在放生池前，向东面看，只见“万佛山胜境”几个大字熠熠生辉，前面是高高的石阶。九十九级石阶的尽头，是雄伟庄严的大雄宝殿。大雄宝殿上面，片片白云仿佛凝固了一般，静静地守候着大殿的飞檐。秋风飒爽，秋蝉隐隐，蓝天、白云、金碧辉煌的大殿，共同构成了一幅纯净、庄严的画面。传说，灵药禅师建成九峰山西华禅寺后，焚烧香纸的烟雾化作一片彤云，飘荡到万佛山上空，经久不散。灵药禅师细细察看，认定此地乃佛国净土。清朝康熙年间，在此建成庆寿禅寺。传说虽然简单，但从中可以看出此地风水不同寻常。

顺着石阶，攀登到大殿前的平台上，眼前又是另一番景象。殿后是青山，青葱之中夹杂着金黄、微红，虽有秋意，却生机无限。大殿左右，是钟楼、鼓楼、观音殿、地藏殿等建筑。海会塔高高地耸立着，是万佛山庆寿寺的标志性建筑。据说，原寺未毁之前，数百年来，这里晨钟暮鼓，县城里的人都能听到。现在，虽然也有晨钟暮鼓，但因为工业文明的喧嚣，城里是听不到这美妙声音的。“夜半钟声到客船”这样自然的诗句，也就难以见到了。

站在大殿前，转身眺望西面，又是另一番情境。富民县城、螳螂川、万顷田畴、伽峰山、老青山尽收眼底。秋风秋阳中，薄薄的雾气笼罩着四围的山，层层叠叠的青山层次分明，由清晰到模糊，由模糊到缥缈，最后都隐入了天际。

寺里编纂了一本《万佛山庆寿寺诗词楹联选》。在这种充满禅意的环境里，坐于树下小憩，细细观看别人对庆寿寺的描绘、感悟，让人特别容易受到启发。其中有一副对联是这样写的：

诸相证三生，四面风声疑说法；
群峰朝万佛，一天岚气也参禅。

四面风声，一天岚气，都好似在说法参禅，这是一种什么样的感受啊？

在写作者眼里，这里的一山一水，一楼一阁，一草一木，都充满了佛性啊。

据载，万佛山庆寿寺建于清康熙十五年（1676 年），当时有大小殿宇十余幢，占地 4 亩，香火旺盛，闻名遐迩。咸同兵事中，原寺被烧毁。光绪四年（1878 年），村中士绅倡议，寺院得以重建。后来，庆寿寺在“破四旧”中被拆除。2000 年，一批善士开始重建庆寿寺，至 2004 年末，建成了寺院。新建的庆寿寺占地上千亩，规模宏大，气势磅礴，殿宇巍峨，佛像庄严。十多年来，一批善士筹款、建设、管理，做了很多事情，受到了人们的称赞。

《万佛山庆寿寺诗词楹联选》也收录了这批善士的作品，其一云：佛在心中，念念无声求有应；身于界外，诚诚有愿降吉祥。

佛在心中很好。佛在心中就是一种无穷的力量在心中。因为有了这力量，那些信士们便自觉地努力去修复寺院，去弘扬佛法。这些寺院，也就虽然历经多次毁坏，但仍然历次得到重修。他们虔诚，他们坚韧，他们让人看到精神力量的强大。很多人不懂佛法，对诸法空相、受想行识之类不敢妄言，但他们知道，佛是讲慈悲的，佛在心中，就是善在心中。每一个人都应该懂得善，都应该心中有善。只有善在心中，人们的生活才会美好，社会才会美好。

白龙寺：超凡入圣不外一心

传说，清朝时期，有一个信官叫王凤，他经常往来于马街与省城之间。有一天，他起了个大早，天刚蒙蒙亮就从马街赶到省城公干。刚走出一里多路，来到瑞嵩山麓，忽然听到小山丘上有扑腾之声。王凤觉得奇怪，循声走去，仔细一看，只见四五丈外，一只满身锦羽的野鸡正和一条大白蛇在打架。王凤心里暗暗想到，这里一定是块好地方，才引得龙争凤斗。当下也不惊动二物，悄悄走了。一年以后，也是清晨，又在原地看到了两次鸡蛇争斗。他十分诧异，觉得这是上天提醒他，要他在这块宝地上做点有益的事情。经反复观察，他觉得这里“后有华山耸秀，前有潮水扬清，又有茂林修竹，清流激湍且山迴云拥，别有天地，诚胜境也”。他感叹道：“如此宝地，难怪龙凤争斗。如此宝地，唯有建寺修观，方能承地之灵气，造福于万民。”于是，他广募银子，首倡建盖寺庙。寺建起后，取名“白龙寺”。

拥有如此美丽传说的地方，自然值得人们前往观光览胜，从灵山秀水之间，吸取自然的清气；从悠悠古寺之中，品味人生的真意。

白龙寺位于款庄马街南面一公里处瑞嵩山腰，始建于康熙元年（1662年），过去是款庄地区的佛教活动中心。寺院坐东向西，由月牙池、照壁、山门、中殿、厢房、后殿、配殿等建筑物组成。寺门口，有一月牙池，池水清澈见底，池塘长度与寺房一般齐。山门前，一面高大的照壁刚好将大门遮住，照壁正中，一道弓形桥伸出池塘外，恰似一位大力士站在山门口，拈弓搭箭，严阵以待。山门为牌楼式建筑，雄伟壮观的大门上方，刻有“白龙禅院”四个金光闪闪的大字。天井左边厢房檐柱上，刻着一副草书对联：

后果前因初无二致，
超凡入圣不外一心。

看这副对联，很给人启发。是啊，有因就有果，有果自有因。既要慎行，不轻率而为，也要敢于担当，当事情发生了，就勇敢地去面对，努力去解决。一个成功的人，一定得有善心和恒心。

白龙寺是款庄地区古刹之一，环境清幽，殿宇布局紧凑，与过水洞相距里许，一路连接，它以其建筑之典雅，不断引来游人观赏。本地人张建明曾写过一首《秋日登白龙寺》：

几曲清溪访寺幽，半山雾霭照晴柔。

碧池倒影空明幻，老树虬枝岁月悠。
紫气云拥开宝殿，梵声磬引绕经楼。
秋林尽染霓虹色，好驾螭龙兜率游。

在某一个秋日，当你立于月牙池边，微风徐徐，水面泛起丝丝涟漪，回首眺望，整个款庄坝子尽收眼底，龙泉河宛如玉带，款庄集镇沐浴着阳光，显出无限的红尘气息。正在欣赏风景之际，耳畔忽然传来悠扬的笛音。吹笛子的是一个农民作家，他家住附近，早年当过民办教师，现在年纪大了，常来寺里古树下吹笛弹琴，已成白龙寺一景。在微风中听着笛声，俯视脚下的烟雨红尘，令人心情久久不能平静：不管佛教道教、儒学文化，还是红色足印，款庄深厚的历史文化底蕴，已影响了一代又一代人。他们保持着一份恬淡的心境，内心有一种文化自觉。虽然他们只是乡土文艺家，但古往今来，文化传承靠的不只是专家学者，更多的恐怕还需要最底层民众的文化觉醒、参与。有了这种自觉，我们的文化传承才有土壤、方向。这白龙寺一景，完全可以取一个文雅的名字，叫“白龙笛音”或者“白龙琴韵”，都行。

富民县全景

青石的街道向晚

富民建县至今已有740余年历史，素有“滇北锁钥”之称。在这片神奇美丽的土地上，一些村镇和民居古意而美丽。当身临其境之时，你会觉得，这里的一石一瓦、一草一木，都散发着悠悠岁月的味道，镌刻成了季节里的美丽和灵动。在蓝天白云之下，把手放在另一个人的手里，走过百年的山茶带露，走过青石的街道向晚，走过明澈的池塘映月……走着走着，就走进了童年，走进了童话，走进了一个散发着诗意的故事。

平地村的静默时光

赤鹫镇平地村是自然与人文创造的杰作。

在不同的季节和时分，到平地村走上一圈，都会有所收获。每次去，都能尽情地享受那里的静默时光，感受诗意栖居的内涵。

出富民县城往东北行三十七公里，就到了省级民族特色旅游村——平地村。古色古香的村寨，悄悄地横在望海山下的一方平地里，村的左右，有低山环抱。蓝天白云，青山耸翠；桃花缤纷，流水漂红；炊烟袅袅，鸡犬声声。置身这样的小村中，真让人有一种生活在桃花源中的感觉。

穿过垭口，老远就看见一座雄伟的古寨门屹立在村口，这是西寨门。西寨门二重檐，四角起翘，雕梁画栋，显示出不同凡响的韵味。寨门的墙面，底层用青色条石砌筑，显得古朴而坚实。那些条石，都是用錾子手工凿就的，纹路流畅细腻，足见工匠技艺的精湛。青石上面，则由青砖砌成，见证了山村的淳朴与厚重。寨门共二层，底层通人马，上面是一间小阁楼。想必当年，这小阁楼就用作瞭望和守卫之用的。现在，这些功能都不需要了，就让小阁楼闲置在光阴里吧。这样的寨门，共有三道，除西门外，分别是东门和北门。

顺着西寨门往里走，一条青石的古道蜿蜒向东伸展，中间几条岔道，消失在小巷深处。古寨门和青石古道，是平地村的标志，大约建成于晚明时期，至今已有四百余年的历史。能把三道古寨门和几条青石古道完好地保存下来，足见此地村民的见识和智慧。

青石古道宽六尺到一丈二尺不等，石板有大有小，错落有致。几枝红杏啊碧桃啊石榴啊从院墙上横伸到石板路的上空，挂着水灵灵的果子，让人眼馋。不时，几拨驮马，吱呀吱呀地从古道上走过，走进大院，走出寨门，好像从一部古装电影里

走来，很有穿越时空的感觉。傍晚时分，三五个人走在石板路上，鞋底敲击出清脆的声音，宛如一首悠扬的乐曲，轻轻地回荡在落日余晖里。想想那意境，活脱脱就是一幅画一首诗，很灵动很曼妙也很写意。

在几条青石古道的两侧，分布着很多清代建成的四合院。听说，保存比较完整的有16院。这些四合院，青瓦土墙，虽然悠悠岁月在它身上刻下了无尽的沧桑，却怎么也抹不去建筑的精致和大户人家的气度。冷不丁的，山墙头或者屋顶上就现出一只瓦猫，雄赳赳地立在那儿，惯看了秋月春风。

33号民居，174号民居，这两处民居，都是县级文物保护单位，可供人们用心观赏和感悟。33号民居坐南向北，由照壁、前房（大门）、左右厢房、天井、正房组成三间三耳三前房一楼一底的土木结构四合院，建筑面积229平方米。建筑外檐为悬山式瓦顶，内檐为二重檐悬山式瓦顶，梁架结构为穿斗式。镶砌天井的条石呈青绿色，每条有五六尺长。背阴之处，隐隐可见些许青苔，到处散发着时光的味道。据房主讲述，此房建于清末，当时，祖上比较殷实，幸好中华人民共和国成立前败落了，不然肯定划成地主。174号民居占地272平方米，建筑面积237平方米，推断建于清末。

次第观赏古老的四合院，一种古意油然而生：六尺长的青石条是古的，长了苔藓的石杵臼是古的，发黑的木梁木柱是古的。尤其是房屋的主人，即便是头发花白的老爷爷老奶奶，见有人在门前张望，会发出热情的邀请。那一声声“来家里坐”“来喝水”的话语，古得如同陆游的诗，让人想起山西村，想“从今若许闲乘月，拄杖无时夜叩门”。当农闲的季节，你真的可以坐下来喝杯茶，聊上一阵天。听老人讲述一番平地村的历史，和年轻人谈谈未来。在古老的四合院里坐一个下午，或者一个月白风清的晚上，尽情地沐浴山村的静默时光，也许，这真算是一种心灵的休憩与享受吧。

平地村居民大多姓刘。据说，大约在明代中叶，一姓刘的人家从应天府柳树湾高石坎迁徙而来。此后，刘氏在这里繁衍生息，现

在，全村有八百多人。也许先祖太过久远，没留下传奇故事，所以人们一句带过。老人们津津乐道的对象是民国时期的村人“刘老幺”。据说，“刘老幺”一表人才，武艺高强，经常与土匪为敌，土匪很想除掉他。一次，几个土匪找上村来。听说有陌生人进村，“刘老幺”警觉起来。随后，与土匪激战，“刘老幺”一枪一个，三枪打伤三名土匪。几个匪徒见势不妙，只得讲和，从此不在富民地界上作案。

村里人觉得家乡很美，常用三句话加以概括。哪三句话呢，就是“一村悠然色，十里干净土，百年读书声”。村后，有一条箐叫“渡水箐”，顾名思义，这里有水，村民“渡水”饮用。这条箐树木茂密，景色优美。盛夏之时，在泉边石上纳凉，十分惬意。村边还有一个洞，名叫“冷风洞”，也很奇特。两个地方都是近来村里着重开发的景点。村里的土地都是红壤，所出产的鸡纵肥壮鲜嫩，营养丰富，绝无污染，是有名的山珍。村前的东山学舍，乃是义学，百年以来，书声琅琅。

平地村，寨门、古道、四合院，连同那些悠悠的往事，也许都悄悄地穿行在时空的隧道里。三三两两的游客，每当行走在青石的古道之上，兴致勃勃地欣赏落霞满天，尽情享受古村静默时光之时，也许一瞥之间，就会看到“刘老幺”勇斗顽匪的身影。

平地村民居

东山学舍的琅琅书声

平地村的灵魂，应该算是坐落村前的东山学舍。

在春风沉醉的日子，游览平地村，探访市级文物保护单位东山学舍，那是最相宜的。

转过山坳，老远就看到了东山学舍。小山之麓，古木掩映之下，一座青瓦红墙的建筑影影绰绰，伟岸而诗意，大有傲视群山、引领全村的气势。

走进大门，是一个小院。院墙边，一株合抱的柳树参天而立。万条柳丝，垂到大门上，挂在屋檐间，有的，干脆就伸出墙外，垂到赤红的土地上。于是，古老的土地上，顿时生意盎然。门的左侧，有两株古老的玉兰树，树龄150多年，树干上挂着古树名木的牌子。玉兰树下，是一丛牡丹，硕大洁白的花开在绿叶间，给古老的小院带来了无限生机。

赤鹫镇平地
东山学舍

中殿就是学舍。宽敞的房间里整齐地摆放着三排桌椅，每排五六张，都是按旧时的模样制作的，桌椅是一个整体。前面正中木架上立着一块黑板，讲桌上摆放着粉笔教鞭。前来游览的人们，常常就坐下，朗读几段诗文，《子衿》也好，《爱莲说》也行，最好是王羲之的《兰亭集序》或者刘禹锡的《陋室铭》，在琅琅书声中，放飞美好的心情，洗净心灵的尘埃。侧面墙上挂着几幅书法作品，是县里爱好诗书的人送的。

走出中殿，又是一个院子。锦绸一般的落红，铺满了小院，壮观、凄艳，让人惊心动魄。撒下一地惊艳落红的，是两株山茶。山茶树二丈来高，长得很是茂盛，树龄约二百年，据说是云南省同种山茶中最古老的两株，已入古树名录。虽然花落了不少，但树上依然繁花似锦，千朵万朵，笑迎春风。

据说，这两株山茶是有来历的。清嘉庆年间，一大理人来平地村讨生活，在村后烧炭为生。当时他与村上立约，先由村

赤鹫镇平地东山学舍

民救济他一段时间，待他烧炭卖钱后，再偿还村民，并付给村里山本费。于是，村民慷慨帮助，东家一碗米，西家一升麦，刘家十文钱，杜家一件衣，让这个大理人生活有了着落。大理人辛辛苦苦烧炭度日，第一年竟只能维持生计，无力偿还乡亲的米麦和支付村上的山本费。于是，他在村主任的引领下，挨家挨户道歉，表示来年将加倍努力，兑现诺言。村民并不在意，依然尽力给他以帮助。第二年，他兑现了诺言。后来，这个大理人返回故乡，成家立业。当听说平地村建学宫教授乡间子弟时，他不远千里，携来两株名种山茶，植于学舍之内，并捐银十两，以做学宫之费。

这两株山茶，在以后的近两百年中，年年放花，美艳至极。山茶展现给人们的，不仅仅是优美的树形、美丽的花姿，更难得的，是它展现了一种品质：诚信和感恩！这种品质，比茶花本身还要活得久远。

登上七级石阶，便是后殿。走廊的靠墙处，立着一块石碑，上书“昭垂万古”四个大字，下面是楷书碑文：“自古遗碑之计，所以载人之绩，著人之善，感神之灵，写境之妙也。惟我平地，村居边隅，地近昆嵩，后则层岩耸翠，前则叠嶂生新，左有文峰拱卫，右有赤浦朝迎，地灵而人未有不杰也。夫是以前辈于嘉庆二十年（1815 年）岁次乙亥仲冬，建立学宫于村左，教育人才。爱敬渐知，风俗渐厚，家裕户丰，原不期培风水，而风水亦培也……”嘉庆二十年，按公历应该是 1815 年，距今二百余年，可见东山学舍历史已经久远。碑文记载，咸丰癸丑（1853 年）年后，兵燹叠至，但平地村犹若康平之世。光绪丙子（1876 年）春，大家商议，重修殿宇，建后殿做土主庙宇，中殿以为教读之学堂。

碑文简洁流畅，寥寥数语，论碑刻之功用全面精辟，述小村之风景生动形象。读到最后，见刻着工匠的名字：“木匠张庆、李盛，山木匠刘华、李春有，泥水匠祝有常，塑匠谭青云，谢文福、张有

镌石。”当你读完，一定会很有感触：建造书舍庙宇，工匠的名字能与殿堂同垂永久，可见古人十分尊重劳动，崇尚技艺。建造过程中，工匠一定尽心竭力，视同修建自家的房屋一般，绝不会敷衍塞责，马虎了事，工程质量自然能得到保证。而这些工匠的后人，见到碑刻，也当怀着自豪的心情，缅怀先祖。可见，一个人做的每一件事物，都是在创造自己的作品。这些作品，总在无言地昭示着创作者的才艺和品质。这些作品是一块标签、一种品牌，即便穿越风雨阳光，也会在岁月的角落里泛着微光。

这个学舍，自建成之日起，就作为义学，教授村中子弟知书识礼。那些60岁以上的人，小时候都曾在这里读过书。后来村里建了小学，学舍才作为文物保护起来。村里历来重视教育，清朝时村里出过多位秀才，民国以来，上大学的人很多。所以，小村虽僻居山野，但思想文化与集镇没多少区别。

学舍的左厢房设有茶室，观赏一阵，游人可以在里边喝上一大碗茶，一边品茗，一边想象着学舍两百年的历史和故事。也许，这些名茶古柳的年轮里，不经意地早已刻录下了百年前的琅琅书声。在某一个带露之晨、月明之夜，古木借着微风，便向人们轻轻地播放书声。

管理人员会如数家珍地介绍学舍的一草一木，还会自豪地说："这是我们县保存最完整的古代学校，我们刘姓人是有功劳的。当然，我们刘氏数代子弟，也从中得到了很多益处。有些益处，是用钱买不来的。"

民兴街的前世今生

一条老街，会经历多少风风雨雨？得承受多少匆匆脚步？曾见证几多红尘纷扰？不知道，谁也不可能记录和体悟它的全部。东村镇老干山下的民兴街，也许能把一些不起眼的历史，轻轻地告诉未来。

民兴街位于东村集镇，离昆明、富民县城大约都是60公里。说起民兴街，当地人知道的并不多，但说东村街、新街或者"王字大街"，就知者甚众了。

民兴街由东西方向和南北方向的两条街道相交组成，呈"十"字形。三十年前，街上铺着厚厚的青石板，街沿镶嵌着青色的条石。街的两旁种着槐树，树色青青，街道青青，整条街充满了古意和诗意。槐树后面，是格调相仿的木楼，有的做店铺，有的供办公，有的是民居。那时候，当地妇女常去街上卖臭豆腐、豌豆粉、麦芽糖。她们把小摊子摆在大槐树下，心平气和地等着买主。槐树长着羽状的叶子，飘逸地立在街的两旁。夏天来了，槐树开出了淡黄色的花，一串一串的，像摇荡着一树黄色的羽毛扇。每当这个季节，十字街上，总荡漾着缕缕清香，沁人心脾。槐花开得盛时，街上的居民，就用长长的竹竿，扭折成串的槐花。槐花落在街上，人们小心地拾起来，拿回家后，用水一焯，然后慢慢食用。一个老中医说，槐树一身都是宝，根皮叶花都可以入药。槐花可清热凉血、止血降压；槐根可散瘀消肿，清肝明目……

在槐树下摆摊，着实得了老树的益处。别的不说，单是夏季的遮凉，就叫人感激不尽。妇女坐在槐树下，有人来买糖了，就把一个弯形的铁耙放在糖上，再用铁锤敲击铁耙，叮叮当当敲上几下，就敲下一块，然后过秤、算钱、收钱。槐树下一排地摆着四五个卖糖的摊子，生意好时，“丁丁”之声此起彼伏，一条街上回荡着悠扬的乐声。所以，当地人也把麦芽糖称为“丁丁糖”。小孩子经常蹲在母亲后面，看母亲收那一张张角票，一枚枚分币。有时，大人高兴了，也会给孩子一张角票或者几个分币。拿到钱后，孩子就快速奔到另一条街的尽头，在书摊前，出两分钱，租一本《三国演义》或者《杨家将》的连环画，斜靠在老槐树上，津津有味地看起来。当时，这些孩子最大的理想就是把这些小人书买齐了，自己也摆个地摊，租书赚钱。

传说，民兴街的来历是这样的：

民国时期，东村地方有两个街子，一是乐在街，在乐在村；另一个是东村街，在现在的东村老街村，两个街子相距只有四里多一点。两个街子上的货物主要是兴隆梅兰等地的木板、黑炭和乐在中民等地的粮食。由于乐在街连着兴隆、梅兰、杜朗等地，位置较为有利，所以乐在街生意较好，而东村街则日渐萧条。为这缘故，东村、乐在两地的“街头”，互相暗里组织无业游民寻衅滋事，产生了很大矛盾。这事被告到了寻甸县，县政府无法解决，又告到了省政府。

1944 年，水利村的段嘉祯（字子良）从抗日前线回到故乡，他知道这件事后，觉得两村为赶街引起群体冲突，实在不利于家乡的安定，决定管一管这事。段子良早年加入滇军，曾在滇军中任过连长、营长、团长、军需处长等职，参加过台儿庄战役，是师级军官，所以人们都称他为“段师长”，有很高的威望。

“段师长”实地察看了两地的街子，看到街道狭窄零乱，很不满意，觉得重修一条更加有利。于是，他利用自己的威望，书信邀请乐在李乡长和东村乡绅杨某等人到昆明凤翥街会商。乐在、东村两地的乡绅知道是“段师长”邀请，只得如期前往。“段师长”备下酒席，邀请省府里的几个官员作陪。与李乡长、杨乡绅等人共饮三杯后，才说到正题。段师长举起酒杯，高声说道：“各位，今天段某备下薄酒，邀请几位家乡名人聚会共饮，主要是想请几位捐弃前嫌，共商东村地方的集市问题，以促进家乡的贸易繁荣。不知各位肯不肯给段某一点薄面，共饮了此杯？”

“段师长”何等声望，再加上作陪的省府官员，那李、杨等位乡绅，怎好说半个“不”字，只得齐声说：“将军心系故乡，我等在地方做事，真是感激不尽，既然您出面，必能造福两地，这真是家乡的福气，这杯酒我们干了！”说完，举起酒杯，一饮而尽。随后，“段师长”说出了自己的想法，建议合并两街，另择地点建设新街。两地乡绅听了，都表示同意。酒宴过后，“段师长”专程回到家乡，与李、杨等乡绅一道，在东村街和乐在街之间选择地址。经过仔细踏勘，决定在两街之间一片荆棘丛生的荒地上建设新街。1945 年 5 月，新街建成，“段师长”带领地方绅士，在街两旁种上槐树，并把十字街正式命名为“民兴街”。民兴街整合了两地的市场资源，方便了群众，在当时算得上一流的乡街子。1946 年，东村地方的乡绅在牙房楼上为段嘉祯立了一块匾，上书“首创民兴”四个大字，后被毁。当地人编了一首歌谣，称颂“段师长”的功绩。

段师长，爱家乡，
打日本，台儿庄。
抗战后，回家乡，
修新街，便四方。

后来，依托民兴街，这地方形成了一个村落，人们称之为“新街”。

段嘉祯后来做了寻甸县县长。如果东村的十字街头要修建雕塑的话，就应该立“段师长”的塑像，不管是凭着打台儿庄的功劳，还是凭着建设民兴街的实绩，他都当之无愧。

民兴街建成后，人们习惯称之为“十字街”。20 世纪 80 年代，东村区政府对街道进行改造，挖走青石板，将街道打成了水泥路。再后来，建成了农贸市场，民兴街被弃置不用。

2015 年，东村镇政府对“十字街”进行改造，人们依其形状，习惯性地称之为“王字大街”。这个称呼很有气势，也符合现在的情况，因为打通了东西两条街道，“十”字上下各加一横，也真像个“王”。只是，有人觉得，还是“民兴街”更有境界，更接地气。这次改造，主要是整修下水道，重新铺筑石板，并在街头建了亭子，书写了对联牌匾。这一年，刚好是“民兴街”建成 70 周年。在这样的年份里，古老的十字街重新焕发出勃勃生机，显得特别有意义。

现在，每逢农历二、五、八赶集日，气派的“王字大街”——“民兴街”上熙熙攘攘，各式各样的货物从街头摆到街尾。很多昆明人专程开车下来，在民兴街上走上几个来回，用一两个小时，真切感受一番乡街子的韵味。临走了，购买些蔬菜、排骨，再带上一些货真价实的“东村三宝”（丁丁糖、豌豆粉、臭豆腐）回去送人。

原来，一条街是有生命和灵魂的。它的生命，是修建者、改造者和一切在街道上行走的人赋予和延续的；它的灵魂，是这些人共同塑造的。只要是踏上那条街的人，都履行着这样的职责。

龙田县佐公署的历史风烟

距昆明和富民县城 20 多公里的散旦街，是一个名副其实的水乡花谷。这里水资源丰富，三步一泉，五步一潭。龙泉河畔，炊烟袅袅，随处可见的是碧绿的茭瓜田，田田的荷花塘，青青的花果园，清新的蔬菜畦。

在散旦街林立的钢筋混凝土小楼间，有一院另类的建筑——散旦街129号。这是一幢在烟雨红尘中穿行了百余年的四合院，到处都凝结了时光的味道，墙体、梁柱、门窗、瓦屋都满是包浆。这四合院，就是曾经的龙田县佐公署，它曾见证过一段风雨飘摇的岁月。

由于散旦处在几县交界之地，历史上，这里交通不便，难以有效管理。近代以来，匪祸众多。据《民国嵩明县志》记载，清末至民国初期，“散、鲁一隅，军去匪来，民不聊生，可谓混乱极矣。而忧时者则谓该地距县过远，乃贻此鞭长莫及之患。”于是，民国十二年（1923年），云南省政府将原嵩明县的鲁南散旦二坝各村、束刻三村（现均属富民县），七甲三家村（现属盘龙区阿子营）；原昆明县厂口一堡及上下瓦恭、矣都甸、迤六各村（现均属五华区西翥街道）；富民县的庄房、下束刻两村（现仍属富民县）等地统为分治区域，设县佐一人，改隶富民县管理，县佐则委高正壁分治，公署设在散旦街，称为龙田县佐。龙田县佐公署，即现在的散旦街129号四合院。至于这幢四合院，在成为龙田县佐公署之前，究竟归属于谁，则不得而知，自然也不知是何年所建。

所谓县佐，是一个官名，民国初年设置，为县知事的佐理，实际是县丞改名，但不普遍设置，且驻于县内要地，不与县知事同城。县佐掌理县知事委办的各项事务，并于驻在地方就近指挥监督该地警察及处理违警案件，后来废除。

设立县佐仅一年，1924年，因权属纷争，省政府将龙田县佐改为龙田分治员，权力变小。到1927年，因分治区内种种派款彼此推诿、负担不均之故，再起纷争，龙田分治员又被改为龙田弹压委员，仅负责缉奸、禁暴、捕匪诸事，只相当于保安队长之职。到民国十九年（1930年）秋，昆明县县长张培爵报请省议会，将龙田弹压委员一职永予裁撤，原划出各地均各还原属治理。

如今，轿子雪山旅游专线沿玉带似的龙泉河穿境而过，偏僻小镇散旦已成为远近闻名的高原水乡旅游小镇，宝石洞吸引着众多游客来到小镇。

位于散旦镇的龙田县佐公署旧址

当你穿街越巷来到散旦街129号这个历史沉淀丰厚的四合院时，眼前的青砖门楼、青石板天井、条石台阶、“大堂”及油漆斑驳的原木梁柱、青石柱础，一切依旧。

这是一幢清末民初云南农村典型的四合院建筑，一楼一底，坐南向北。正房三间，中间一间为客厅。左右耳房各两间，前房三间，大门前有一照壁。原来，当年的县佐公署其实很小啊！看着略显陈旧的建筑，踏着铮铮有声的青石地板，人们可能很自然地会想到当时的情景：小小的四合院里，一个身着蓝色中山服的县佐，大手一挥，于是一二十人的警察、团练队伍雄赳赳气昂昂跨过龙泉河，翻越银汞山，穿村过寨，追剿土匪。这场面，很有点儿电影《让子弹飞》里面张县长的气派呢！

保存这幢县佐公署的意义，也许并不是要告诉人们这里曾经设立县佐的荣耀，相反，是要告诉人们，这里曾经有过一段民不聊生、混乱至极的历史，也是提醒人们，只有社会安定，才是老百姓最大的福祉。

夕阳西坠之时，银汞山上方的半边天空缀满了晚霞。在霞光的映衬下，古老的四合院显出鲜艳的辉煌。参观的人们，往往被这种壮丽和庄严所感染，郑重地向堂屋鞠上一躬，深切缅怀那些保境安民、为民造福的官吏，不管他们的官职是高还是低，也不管他们身处何种年代。

文化韵

FUMIN

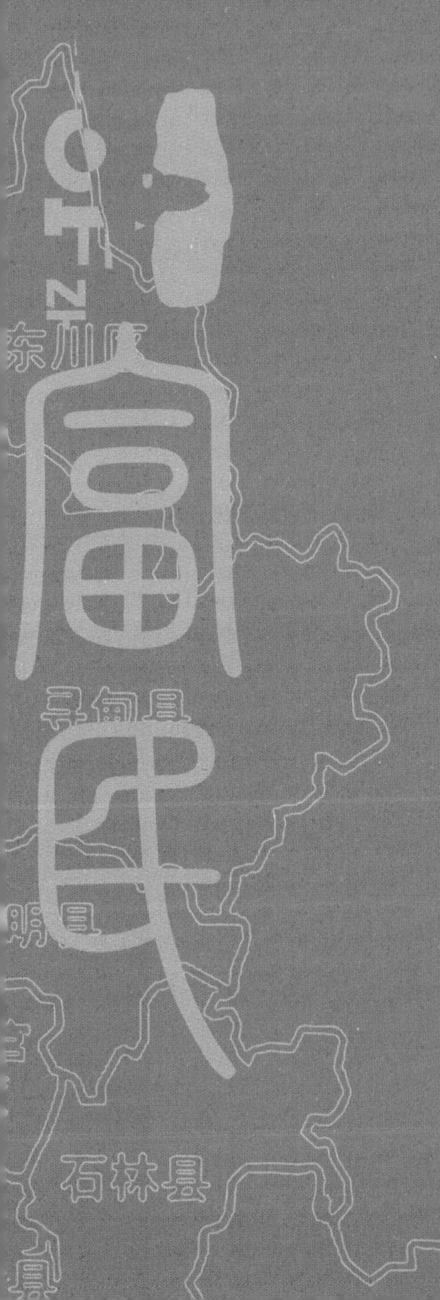

第三章 梅香天籁　食听盛宴

在富民，站在小水井的苗寨里，这个享誉世界的东方“巴洛克”就在脚下，聆听一曲声名远扬的赞美诗，静听灵魂深处的声音，回归真切的本我。在富民，身着节日盛装的各族人民，放下杂念，清空自我，纳清风、明月、高山、流水入怀，装天地在心，载歌载舞，诠释对生活的热爱，对生命的敬重。在富民，吃在大街小巷、乡村僻壤、花间柳巷，做一回闲云野鹤、乡野村人，哪怕只有一天，也知足了！

东方“巴洛克” 世界“小水井”

——富民县小水井苗族农民合唱团纪实

这种西方音乐与东方少数民族文化的融合，产生出了奇妙的文化现象。歌唱成了村民们祈祷的方式、感情传递的桥梁、生活中不可缺少的常态，而苗族村民的“天籁之音”也在这种自然的“血缘传承”中延绵至今。

富民县小水井苗族村位于大营街道办事处东北 12 公里，属東刻村委会。该村海拔 2350 米，属山区。全村人口 158 户 458 人，均系苗族。全村有土地 3.5 平方公里，耕地以山地为主，农业生产还属人背、马拉、牛耕阶段。主要粮食生产为旱粮，如玉米、洋芋、小麦等。2006 年以前人均收入 1000 元左右，属贫困村，全村家用电器很少，只有几户拥有 14 英寸黑白电视。

这是一个和谐的村寨，村中每家每户的门常年不关，在这里没有偷盗行为，东西不会丢。人们对事对物都充满了感恩，村民相互之间相处都是笑脸相迎，说话和气，友爱宽容，夫妻和睦，子女孝顺。

1937 年，基督教传入小水井村，并设立了教堂，基督教主要的传教形式唱诗班也随之产生，并一直传承延续至今。目前，全村 80% 左右的苗族村民信仰基督教。

小水井苗族村民的合唱源自当年基督教的传入。100 多年前的西方，正是“巴洛克”艺术风格最为兴盛的时期。“巴洛克”音乐那富有表现力的旋律，宏大的规模，雄伟、庄重、辉煌的效果，强

2008 年 3 月参加 CCTV 第十三届青歌赛获合唱第十三名

烈、跳跃的节奏，多旋律、复音音乐的复调法，曲折婉转的曲子起伏，力度、速度变化多端的风格，随着基督教进入中国，也进入小水井村。村民的发声技巧也源自传统的美声唱法，其演唱技巧简单描述就是喉头在保持吸气位置状态下，呼出气流吹响声带，使打开的共鸣腔体能够完全、均匀共鸣的歌唱方法。在小水井村，这种唱法成了每个人都会掌握的技术，而且这种唱法的传承是通过口口相传（父亲教儿子、儿子教孙子，有的上辈唱一声部，下辈也唱一声部）来实现的。

这种西方音乐与东方少数民族文化的融合，产生了奇妙的文化现象。歌唱成了村民们祈祷的方式、感情传递的桥梁、生活中不可缺少的常态，而苗族村民的“天籁之音”也在这种自然的“血缘传承”中延绵至今。

2002 年，富民县组织成立了“富民县小水井苗族农民合唱团”（以下简称“小水井合唱团”），旨在把苗族村民美若“天籁”的声音推向外界，让更多的人来了解他们，让更多的人来感受这份天籁之音，并通过歌声彰显他们的“真、善、美”。

1

成长之路　艰难芳香

团队成立之初，在走出去的路上举步维艰，由于没有知名度，无人知道，所以也无人喝彩…… 但顽强的小水井合唱团不服输，历尽千辛万苦，不断地向外推介。终于，努力开始有了回报。

2003 年 10 月，小水井合唱团参加“中国首届西部合唱节”获得青年组第一名。

2004 年 4 月，参加中央电视台《同一首歌》走进云南大型歌会，首次让全国乃至世界的观众认识了小水井合唱团。

2005 年 9 月，参加“聂耳杯——首届国际合唱节”中获一等奖。

2006 年 1 月，与俄罗斯国家爱乐乐团在北京大学“百年讲堂”同台演

出，一首浑厚的《大观楼长联》打动了数千名北大学子。

2007年5月，参加全国第七届残运会闭幕式演出，同年10月参加“全国首届社会主义新农村合唱大会”获一等奖。

2008年，代表云南参加中央电视台第十三届青年电视歌手大奖赛，在56个高水平的专业团队中，小水井合唱团作为唯一的一支来自基层、来自一个边远山寨的苗族农民业余队伍，获得了骄人的成绩。同年10月，在北京国家大剧院参加“首届国际民歌博览音乐周”的演出，同时应中央音乐学院的邀请，首次走进中国音乐教育的最高殿堂进行专场演出。

2009年1月，应中央电视台邀请，参加《春节歌舞晚会》的录制并在春节播出。同年11月，小水井合唱团参加在广州举行的全国首届农民合唱大会，获得一等奖。

2010年12月，小水井合唱团赴深圳参加锦绣中华民俗村开展的“华人庆圣诞　神州迎新年”双节庆典活动。

2011年6月，参加在上海大剧院举办的第二届中国聂耳音乐（合唱）周开幕式大型文艺晚会“人民的声音”。6月24日，中央电视台《民歌中国》栏目组赶赴小水井村对小水

1 2 歌唱

井合唱团进行外景拍摄，随后登上了中央电视台的《民歌中国》。同年9月16日，应邀参加了由联合国教科文组织、昆明市人民政府、中国民俗摄影协会联合举办的第七届国际民俗摄影“人类贡献奖”年赛颁奖晚会。

2012年1月，参加北京电视台2012春节联欢晚会节目录制，与全球华人共享新春联欢。同年9月8日，参加了“烂漫花山歌如潮”2012“昊龙杯”中国首届苗族农民合唱艺术大赛，获得了本次大赛第一名。同年9月25日，参加第二届聂耳音乐节——纪念聂耳100周年诞辰合唱比赛获一等奖。

2013年3月，小水井合唱团参加中央电视台《百山百川行》栏目拍摄并播出。同年5月8日，参加“上海之春国际音乐节”——“中国记忆·云南美妙原声——小水井苗族合唱团音乐会”演出，此次演出，轰动了整个上海。同年11月15日，小水井苗族农民合唱团参加了“迎亚艺节·圆中国梦”第十三届亚洲艺术节“美丽春城”——昆明市优秀文艺作品展演。

2014年4月，应上海东方卫视邀请，参加《妈妈咪呀》栏目节目录制，获得了评委及观众的赞赏和喜爱。同年3月至9月，拍摄了2部反映小水井苗族农民合唱团自成立以来的发展经历的微电影《小水井》，第一部获团省委“向上向善·大美至滇”2014年青少年微电影大赛“剧情片优秀单元奖”和“第六届欧洲万象国际华语电影节入围奖”；第二部《小水井》获云南省委宣传部“优秀定制片奖”。

2015年1月，参加北京电视台《造梦者》栏目拍摄并播出。同年5月，参加安徽电视台《中国农民歌会》栏目录制并播出。

2016年1月29日，由小水井合唱团主办的“天籁之音·大山里的巴洛克”世界经典合唱音乐会巡演在昆明剧院进行首场专场演出。4月，应邀参加在广西柳州举办的“2016年中国（柳州）演出交易会暨中国演艺产品国际营销年会”综艺演出。5月，走进建水文庙府学大堂举行“富民小水井苗族农民合唱团·建水公益音乐会”。5月15日，小水井合唱团指挥龙光元，荣获2016全国“最美家庭”称号。6月1日，2016“创意昆明”系列主题活动在昆明开幕，在开幕式上，小水井合唱团以一首《欢乐颂》推开帷幕。6月2日，小水井合唱团获特邀参加由世界青少年合唱学会主办，云南省合唱学会、昆明市合唱学会共同协办的当代世界合唱指挥研修班开幕式迎宾歌舞晚会，为来自世界各国的合唱指挥艺术家、专家教授演绎了世界经典合唱歌曲。

2017年9月，小水井合唱团参加“昆明聂耳交响乐团2017—2018音乐季开幕式”。10月，在北京保利剧院参加“北京国际音乐节”闭幕式；12月，在广州、佛山参演“广州新年音乐会”均压轴登场演唱《贝多芬C小调合唱幻想》，为到场的中外宾客展示了来自“大山里的巴洛克”，“天籁之音”引爆全场，向世界展示最精彩的少数民族文化。

走出国门　唱响世界

2018年的春节，对于小水井合唱团来说，注定是“十年磨一剑、滴水巨石穿”笃定坚持的回报，是东方“巴洛克”走向世界的转折点。

应美国纽约爱乐乐团、英国伦敦爱乐管弦乐团邀请，2018年春节期间，小水井合唱团前往美国、英国参加中国新年音乐会，并在英美两地进行为期16天的巡回演出。

品牌打造，小水井合唱团十六年来一直怀揣的“唱响世界”的梦想终于成真了。

小水井合唱团赴英美巡演呈现出“四个首次”：合唱团十六年来首次跨出国门登上世界舞台；首次全程用英语演唱世界名曲；首次与爱乐乐团等世界顶级乐团合作；同时，爱乐乐团也是首次与业余农民合唱团合作演出。

小水井合唱团于2018年2月14日赴广州，15日从广州飞赴美国纽约。

2月20日，当云南民歌《小河淌水》在美国纽约林肯中心音乐厅响起时，容纳2700人的林肯中心音乐厅座无虚席，来自纽约的各方名人和来宾观看了音乐会。中国驻纽约总领事章启月、著名音乐家徐沛东、谭盾、莫

华伦等也出席了音乐会，现场气氛热烈。音乐会上，小水井合唱团压轴登场，在世界著名指挥家余隆的指挥下，演绎了贝多芬《C小调蓝色幻想》、博恩思坦*Make Our Garden Grow*、云南名歌《小河淌水》等曲子。每首曲子结束时，雷鸣般的掌声充满了整个演出现场。特别是《小河淌水》的歌声响起时，观众被婉转优美的曲调深深打动，掌声更为热烈和持久。

2月23日，合唱团成员飞行了6000多公里，从美国纽约横跨大西洋来到了英国伦敦。合唱团成员随即接受了中国网络电视台、中国国际广播电台、凤凰卫视等媒体的采访，为合唱团伦敦之行预热宣传。

2月24日，英国演出第一站，小水井合唱团来到了世界名校牛津大学，在牛津大学600多年历史的薛多年音乐厅为师生和来宾进行了演出。这也是薛多年音乐厅有史以来，第一次接待来自中国的农民合唱团。当听到合唱团的歌声时，观众非常惊奇来自中国少数民族的业余团队能唱出如此精妙的歌曲，现场响起了持续不断的掌声。

小水井合唱团在英国演出

2月25日，小水井合唱团到了英国巡演第二站伦敦唐人街。伦敦的唐人街历史悠久，这里的华人有很深的中国情结。知道合唱团要到唐人街演出，这里很早就贴出了海报，消息早就传遍了每一条街巷。下午5点，设了200个座位的“中国站”座无虚席，又临时加座。当《小河淌水》《彩云追月》的歌声响起的时候，观众席里此起彼伏发出：“Oh my God!”经久不息的掌声让合唱团指挥龙光元谢了两次幕。演出结束几位年老的华人都说：“我们老了，好多年都没有回祖国了。今天在这里又再次听到中国的民歌，非常激动，仿佛又回到了儿时的家乡。”

2月26日，小水井合唱团跋涉320公里，来到了英国的另一大城市利物浦。合唱团的歌声在利物浦爱乐音乐厅响起，观众们听得如痴如醉，对合唱团表现出非常好奇和喜欢。一再追问他们感兴趣的问题：合唱团他们为什么会唱美声？为什么会唱世界古典音乐、巴洛克音乐？他们是怎么练习的？……

2月27日，小水井合唱团来到了英国演出第四站，英国第二大城市伯明翰，在这里第一次走进了世界著名的伯明翰音乐大厅。演出中，音乐厅的演唱回响、混响都非常出色，合唱团的四声部混声在这里得到了淋漓尽致的发挥。

2月28日，应英国著名电视台ITV的特邀，登上了当天的早新闻“Good Morning Britain”，合唱团用一曲苏格兰民歌《友谊地久天长》给英国人民带去了问候。主持人用热烈的掌声，预祝小水井合唱团伦敦演出圆满成功。

3月1日，伦敦皇家节日音乐厅，3000多座位的音乐厅座无虚席，小水井合唱团压轴演唱，无伴奏云南民歌《长街宴》缓缓响起，云南民歌《小河淌水》、《彩云追月》、世界名曲《贝多芬C小调合唱幻想》等歌曲逐一呈现，每一首歌曲的演唱，都迎来了一次又一次热烈的掌声。在观众的热情要求下，小水井合唱团加唱了英国民歌《德里小调》。合唱团演唱结束时，观众的掌声让余隆指挥一次又一次地谢幕，现场气氛达到了高潮。

2018年的春节，小水井合唱团成为世界音乐界的聚焦点，刮起了来自中国云南昆明的“最炫民族风”！

巡演中，国际知名指挥家余隆说：“请一个农民合唱团与纽约爱乐乐团合作，我想让世界更多层面地了解中国人民的生活和文化，让他们了解中国也有一个农民合唱团唱着精美的合唱。”

音乐家徐沛东在美国观看了合唱团的演出后说：“你们能在纽约的林肯中心和纽约爱乐乐团合作演出绝无仅有，这里是世界音乐的顶尖殿堂，你们是中国的骄傲，也是云南的骄傲，是昆明富民的骄傲。”

2月19日，中国驻美国纽约总领事馆总领事章启月在领事馆专门举行新春招待会，接待来自祖国的小水井合唱团并致了热情洋溢的欢迎辞。3月1日，英国“中国新年音乐会”结束后，中国驻英国大使刘晓明携夫人到后台看望合唱团团员，他说：“你们的演唱非常棒，一支苗族农民合唱团能走出国门，在国际舞台上展示中国的风采，我要谢谢你们，你们为国争了光。”

有媒体称，小水井合唱团在英美的巡回演出取得了圆满成功，来自中国云南昆明大山深处的天籁之音，打动了英美，推荐和宣传了云南，展示了云南民族文化的独特魅力，获得了广泛的赞誉。

小水井苗族农民合唱团的每一场演出，其优美动听的天籁之音深深地打动了现场观众，掌声、赞美声不绝于耳。人们都说，在聆听小水井合唱团的歌声的同时，也感受到了他们的心灵，感受到了他们内心的“真、善、美”，诠释了人性之中“敬畏”的含义，以及人之为人的真正本质，他们是富民的骄傲，是昆明的骄傲，是云南的骄傲。

随着小水井合唱团不断的歌声演绎，他们的生活也一天比一天好了起来。近年来，上级部门和县委、县政府以及当地街道、村委会对小水井苗族村的社会经济发展高度重视，在农业生产、基础设施建设、环境改善和民族文化保护等方面下大力予以投入。2007年小水井村被列为昆明市新农村建设试点村，至2016年底，共投入1000余万元，分别修通了东元至小水井13公里的县级公路；进行了村舍的保护性改造；修建了“天籁广场”；硬化了村中路面；每家修造了沼气池；架通了有线电视，配发了29英寸大彩电；加大了农业生产的投入，引进了黄牛养殖和泡核

接受英国“I”TV电视台采访

桃的种植，着力从根本上改善村民的生活。同时，积极引进了农旅、文旅融合的乡村旅游项目，打造富民乡村旅游的试点。如今，小水井苗族村民有的买了摩托、拖拉机，有的买了小汽车，移动电话早已普及，日子过得一天更比一天甜。

目前，小水井合唱团结合当地的文化旅游，积极践行“请进来”“走出去”战略。“请进来”就是在当地扎下根基，发挥地域文化、民族文化和演艺文化，与旅游结合，形成“小水井文化热”，拉动乡村旅游发展。“走出去”就是进一步加大文化产业发展步伐，加强文化交流，通过演艺业，拓宽发展空间，以2017年国内巡演，2018年美国纽约、英国伦敦的成功巡演为起点，让小水井合唱团这张“文化名片”拓展国内市场，走向欧美市场，在世界唱响云南的天籁之音，在世界音乐的最高殿堂唱响“东方大山里的巴洛克”，用天籁之音讲述“云南故事”，让世界各国更多的人从歌声中聆听云南、关注云南、喜欢云南，从而推广云南形象、吸引更多国际友人走进云南……

入世本是出世心　“退让”原来是向前

小水井合唱团走出国门，走向世界，在世界的大舞台上，他们获得了前所未有的赞誉，获得了所有人的爱戴！

走过了 16 年的历程，看惯了他们质朴的脸庞，和他们在一起的一语一言、一举一动，耳边回响着很多人的声音：小水井的歌声被越来越多的人喜爱，会不会变质？外面的世界很精彩，小水井的人会不会变心？物欲横流、金钱至上会不会让他们失去大山里的质朴？

10 年前，我有过这样的一个记录，不知能不能回答这些朋友的疑问、能不能回答小水井合唱团的现在和未来：

小水井苗族农民合唱团就是农民、就是一群没有学过声乐的苗族农民。

但就是这样的一群人，却唱出了西方“巴洛克”艺术风格的四声部混声合唱。

开始我在接触他们的时候，仔细听他们的歌声时非常诧异，觉得一群没有经过专业音乐和乐理训练的人是怎么把四种不同的声音如此和谐地演绎出来的？他们又是怎样理解声调、节奏和气息的？这在对音乐的理解和发声的技巧方面要求是非常高的。我在不断地寻找答案，但一直没有找到。

有一天，我不经意地问合唱团的一个姑娘：“你们是怎样把不同的声音和谐地唱到一块的？”

她平静地对我说：“退让就可以了。”

退让？我一下仿佛被触了电！！

是啊！这么简单的答案我怎么就想不到呢？

对啊，在合唱中，哪一个的音高了，他就退让、低一点；哪一个的节拍快了，他就退让、慢一点；哪一个音量大了，他就退让、小一点；哪一个声部突出了，那个声部就退让、降一点……在

这种相互的退让中声音越来越靠拢、越来越相向，最后达到高度统一，形成和声之美。

这就是合唱的真谛啊！多少人为之苦苦探寻的答案竟然被一个苗族小姑娘一语便道破了！一瞬间我自愧弗如、无地自容！

他们在认真地唱着歌，看着他们粗糙的脸庞，心里在想着"退让"……这时，一种不安迅速地笼罩了我，我一下想到，生活在当今社会的我们，曾几何时还知道什么是"退让"吗？当下的我们是不是已和"退让"渐行渐远？……

观现在的我们，心中想的都是"夺取、抢抓"，发生在我们身边的所谓"中国式过马路"；开车互不相让、一言不合就怒目相向；为名处心积虑、为利不择手段……我们的内心自私、浮躁、惶恐、纠结。

我的后背一阵阵发凉……唉！是该让"退让"回来了，应该让它回到我们心中。我相信，"退让"是人之为人的本真，是善良的内核，只有在谦让的氛围中，我们的社会才会和谐。

小水井合唱团在英国著名的"伦敦眼"前合影

当我和一些朋友交流时，也会有个别质疑："你说退让好，我说不一定。试想，如果每个人都退让，那么，人就没有进取心，就啥也不用干，那我们的社会岂不是退步了！"

我的感受是，我们不妨换一种理解方式来看，退让不等于放弃，退步也不等于不前。试想，如果小水井的合唱是放弃，他们能一步一步地走到今天吗？如果是不前，他们会用越来越精妙的和声感动观众吗？

"退让"是为了消除前进中的阻碍，"退让"是为了更好地向前。或者说，"退让"是一种向前的方式。

这里有首唐代布袋和尚的古诗，也许能说明这样的哲理。

手把青秧插满田，低头便见水中天。
心地清净方为道，退步原来是向前。

试想，在交通拥堵中，谁也不让，结果是谁也走不了，而此时大家都让一把，结果是交通很快就畅通，大家都能走了；妻子的一个小脾气，丈夫的一个退让，会让夫妻更和谐；同事间相互退让，团结愉快的心情反而能提高工作效率……

小水井合唱团是数十人组成的团体，从某种意义上来讲，它也是个小社会，他们的歌声通过"退让"来达到声音的统一、音调的和谐。而我们的泱泱大国难道不是一个大合唱团吗？一个近14亿人的大合唱团。

人们通过"退让"来消除自己的"特殊性"，从声音的"平等"来体现人的平等，形成"最强合力"。

人们用"退让"来照顾彼此的关切，支撑着彼此的和声，响应着彼此的和弦，这种"友善"必然让团队更加地紧密团结，形成"最强同心"。

人们用"退让"来让不同的声部高度地统一，并让它在或低回婉转，或高亢激昂的旋律中紧紧抱合，这种"和谐"消除了各种不利、消极和阻碍，形成“最强和声”……

所以，“退让”是一个真正的和谐社会不可缺少的基本内容；是群体得以紧密团结的一种向心力；是个人道德修养中最基本的一种品质体现。

一个懂得“退让”的社会，才是真正的和谐社会！

有人说过：道德是赋予我们生命得以存在和延续的力量，也是让生命绽放异彩的支撑，是每一个人内心真、善、美的本质体现。

当某年某月的某一天，在无人的时候，自己在内心深处清理道德宝箱的时候，你是否会看到，一个久违的朋友——“退让”。

小水井合唱团的“退让”，让他们历尽风雨却坦然处世、经历磨难却凡事感恩，他们心中的信仰早已超出了躯体和生命……

在小水井的夕阳里，阳光将牧归的他们勾出了一圈金边，那飘来的歌声，让他们那沾满泥的腿、如锉刀般的手、布满“高原斑痕”的脸、迎着山风穿行在大山之上的身影——尽显高贵！

留住乡愁：回眸那些节日和传说

生活可以将就，也可以讲究。忙碌的日子里，辛勤的人们起早贪黑地劳作，无暇顾及打扮和娱乐。但一逢节日，女人们就搽胭抹粉、画眉描唇；男人们把皮鞋擦得锃亮，发型梳得一丝不乱。身着盛装的男女老少，用欢乐的歌声与快乐的舞蹈装点忙碌的日子，用各民族特有的节目和动人的故事传说，点燃平淡生活的激情，这就是华夏民族对生命真谛一致的诠释。各个民族对自己节日和民间故事传说的珍视，体现了人们对生活的热爱，对生命的敬重。这些美好的节日和故事传说，最是留得住的乡愁。

一句问候　童年的一曲乐章

记忆中，苗族同胞就是和我们一起生活的，只是他们住在山腰，我们住在山脚。小时候，偶尔看见挽着发髻、穿着长裙的苗家女子，肩上背着敞口尖底的背篓，从我家门口翩跹而过，对她们的生活总是充满好奇。

记得有一年中秋节，我背着麦面、香油和白砂糖，步行好几公里，到集镇上去烤大粑粑。才烤好的大饼，氤氲着喷香的气息，虽然感觉背上沉甸甸的，但心里高兴。走到一座桥头，我放下背篓，坐在桥头歇气。这时，遇到一群年龄和我相仿的苗家小女孩，她们从对面走来。不知是如何搭上话的，我拿出大饼，一一分给她们。吃完了，还让她们带上两个在路上做干粮。和她们一起分享月饼的画面，时不时就浮现在我的脑海，成了我童年记忆的一部分，无法分离。

后来上小学五年级，我们离开村里到赤鹫中心小学上学，班上有苗族同学。同桌就是一个苗族女孩，我们很投缘。有时放学去稻田里放水，就约她和我一起去，她爽快地答应。我家的田离源头最远，顺着沟渠去堵水，要走很远的路。我俩一起沿着沟渠往上游去堵水，让水顺着沟渠往下流。我俩往回走，水跟在我们后面缓缓而来，到了田边，等上好一阵，水才流到田里。看到沟渠里的水源源不断地流进田里，我们才放心离开，急忙赶回学校食堂打饭吃。为感谢她，周末我邀请她去我家玩。后来，我也去她家玩，她妈妈给我们蒸馒头吃。馒头很大，出甑子后，一排排铺开放在刚割下的芭蕉叶上，热气腾腾的，吃起来有一股芭蕉叶的清香味，特别爽口。后来，我再也没有吃过这种清香且甜美的馒头了。

上初中后，我家搬到集镇上经营小卖铺。经常有一些苗族顾客来买东西。每次见有苗族顾客，爸爸老远就和他们打招呼："宰吵（苗语"亲家"），你好！小宰犊（苗语"儿子"）可好，小郎猜（苗语"女儿"）多大啦？"一句"宰吵"的问

苗族芦笙舞

候，非常亲切，小本生意就在这问候语中开始了。我们当地的汉族人都喜欢和苗族结成亲家，即给孩子找一个苗族干爹和干妈，干爹给干宰犊或干郎猜取一个随自己姓氏的名字。我也有苗族的干爹和干妈，他们是我一个堂哥的干爹和干妈，我也跟着堂哥称呼他们。虽然没有举行连续三年的拜年仪式，但是苗族的干爹也给我取了一个名字，随干爹姓王，名正芬。我想，也许是汉族人和苗族人为了互通有无吧，都喜欢相互结为亲家。苗家人生活在山区，除了种植旱谷、苞谷外，还有荞子、燕麦等高海拔地区种植的粮食作物，房前屋后栽种着核桃、李子、桃子等果树。拜了苗族的干妈和干爹，意味着汉族人可以吃到炒面、荞粑粑，还可以吃到每个季节次第成熟的水果——水蜜桃、李子等等。汉族人则把自己种植的稻谷、

彝族打荞舞

蔬菜和他们分享。山上山下，农忙时间有些差别，他们相互帮忙，充分利用了劳动力。

我们当地汉族人和苗族人见面的问候语，一般都是互相称呼为“宰吵”。一句问候，亲切纯朴，是我童年的一曲乐章，总让人想起悠悠往事。这些记忆，历久而弥新！

时间过去了多年，但我经常会想起苗族花山节的欢乐来，自然，也就想起了过去的同桌。

传说，苗族人在迁徙途中走散了。他们想出一个办法，砍下竹子，做成立箫和芦笙，让人到山顶上去吹奏。同时，在山顶上竖起花杆。流落四方的人们忽然听到了熟悉的芦笙，于是顺着这个声音走来。走着走着，又看到了高高的花杆，大家就向竖立花杆的地方聚集。终于，苗族又团聚了，大家高兴得又唱又跳。为庆祝这重建家园的喜庆日子，逐渐形成了“花山节”。

苗族花山节又称“踩花山”，是苗族民间一个盛大的传统节日。“踩花山”最初是为了祭祀苗族的祖先，后来的活动内容又增加变化为花山祭杆仪式、爬花杆、芦笙歌舞、斗牛、武术表演等。

花山节期间，身着盛装的男女青年在山林间对唱情歌。对完歌，姑娘小伙相视一笑，姑娘到山头一趟就跑了，小伙朝姑娘紧紧追去。小伙追姑娘的仪式，即“撵山”。除花山节期间，在婚礼当天也有这样的“撵山”习俗，小伙可以撵着喜欢的姑娘漫山遍野地纵情奔跑。小伙追到姑娘，等月亮出来，就乘着月色串寨，称“踩月亮”。

我和同桌去参加苗族婚礼时，就看到大姑娘小伙子在山中蹿上跳下，就像儿时玩躲猫猫游戏一般。同桌告诉我，他们在“撵山”。她告诉伙伴，说我是汉族，还在上学，不要撵她。果然，没有一个来撵我的。后来，同桌结婚，我去做伴娘。可惜，当时乐事频频，欢歌笑语，竟忘了问一问新郎新娘“撵山”的浪漫经历。

苗族人家的婚礼是很热闹的。举办婚礼的时候，男方和女方家，肉锅翻滚，宾客满座。附近寨子里的每家每户都前来祝贺，

宴席从早饭一直延续至深夜的夜宵。亲戚朋友中，有赶着羊群、抱着小羊来贺礼的，有赶着肥猪，或扛着半扇猪肉或整头猪肉前来祝贺的。送亲队伍中，有背着粮食和种子的，大货车上拉着冰箱、彩电的，礼物多彩纷呈。据说，送小牛、小羊、小猪仔、鸡鸭、种子等做礼物，是希望新组建的家庭兴旺发达、五谷丰登。

春节　舞狮花灯喜气盈

寒来暑往，人们日复一日地过着日子，就像古时候的灶神守护火种一样。汉族民俗传统节日，最隆重的节日，非过年莫属。过年从大年三十开始，一直延续到正月十五元宵节，又称“上元节”“春灯节”，视为“年节”的尾声。十五的月亮十六圆，在富民，正月十六更加热闹。从正月初一到十六，富民从城里到乡下，到处锣鼓喧天，耍狮子、舞龙灯、唱花灯，热闹欢乐。

花山节掠影

传说，西汉武帝时，张骞通西域，从那以后，西域与汉朝增进

❶❷花山节最炫民族风

了交流。到了东汉章帝时，大月氏国给汉朝进贡一头猛兽，头大如筛，口大如盆，眼似铜铃，满身金毛，人称“金毛雄狮子”。使者对章帝说：“进贡金毛狮子，是想让贵国驯服它。如果来年驯服了，大月氏国就年年进贡，岁岁来朝，永远归顺大汉。如果驯服不了，就从此断绝往来。”汉章帝随后贴出皇榜，在全国招募驯狮能人。第一个驯狮人被吓跑了，第二个驯狮人被咬掉一只手。过了几个月，又来了第三个驯狮人。他见金毛狮子实在凶猛，难以驯服，就决定智驯。他一连几天不给

❶❷花山节最炫民族风

狮子喂食，饿得狮子精疲力尽，然后打开笼子。谁知这雄狮狂性发作，一出笼就向他扑来，一口就把他咬死了。宫中武士见雄狮出笼伤人，一齐动手捉拿，但狮子十分凶猛，捉拿不住，只好用一阵乱棒将它打死。

皇帝听说金毛狮子被打死了，十分生气。他想，如果大月氏国贡使来看驯狮，怎么交代呢？想到这里，就要拿打死狮子的人治罪。其中一个武士说："小人自有办法将死狮复活，并将它驯服。"汉章帝十分惊喜，就让他们戴罪立功。转眼间到了春天，各国贡使来朝，汉章帝大设宴席招待。果然，大月氏国的贡使提出，要看驯狮子。汉章帝就让驯狮人领着金毛狮子进入宫中。只见驯狮人手执绣球灯，逗引狮子，狮子时扑、时跃、时打滚、时抖毛、时吼叫，真是百依百顺。各国使者看了，都称赞汉朝大有人才。大月氏国王得知后，不敢藐视

汉朝，就按规定，年年进贡，永远与汉朝和好了。

事后，到了正月十五，汉章帝问驯狮人是用什么办法让死狮复活，又是怎样把这凶猛的野物驯服的。驯狮人说："圣上要是能免去小人欺君之罪。小人就说实话。"汉章帝听了说："免、免、免！"于是，驯狮人就说："我失手打死雄狮，自知罪过不小。为了补回罪过，让贡使看到驯狮，就剥下死狮的皮毛，请了我两位兄弟，披上皮毛，装扮成狮子表演。"于是，他们又为皇帝表演了一番。汉章帝大喜，封他为宫里的"春官"。

这件事传出了汉宫。老百姓认为耍狮子为国家争了光，就用木、泥、布做成狮头，用麻做成狮皮，模仿表演，耍狮子就这样传开了。

"咚、咚、咚嚓！咚、咚、咚哐！咚咚咚嚓咚嚓咚哐！"一阵阵欢快热烈的锣鼓声，伴着噼噼啪啪的鞭炮声，从街头传

来。宁静的乡村小镇顿时热闹起来。“啊！狮子！狮子来了！”人们不约而同地欢呼起来。大家自动让出一条两米宽的通道，只见一只装饰得五彩缤纷的狮子，踩着鼓点，威武雄壮地走来。你看它摇头摆尾，双目放光，炯炯有神，频频向赶街的人们点头致意。舞狮头的小伙子，时而跳跃，时而翻身，时而又回头搔痒。

狮子后边，一对黄黑色的小花猫，正你打我一掌，我抓你一把地互相追逐嬉戏。它们不断地腾、挪、闪、跳，那天真活泼的神态，把人们逗得哈哈大笑。紧随猫猫前进的是武术队，按春秋刀、双刀、滚叉、钩镰、齐眉棍、猫猫鞭、连夹棒的秩序排列。耍猫猫鞭的左手叉腰，稳住身子，右手挥鞭左旋右转，灵活机动；玩钩镰的一前一后，一左一右，一上一下，一板一拍，从容不迫；玩滚叉的左右滚动，系着红绒球的铁叉在身上飞速旋转，上蹿下跳，神出鬼没，令人眼花缭乱；玩双刀的更是使出浑身解数，上下翻飞，寒光闪闪，犹如银蛇飞舞。

武术队后边，是柳翠等三人逗乐。之后，头戴乌纱，身穿锦袍玉带，手举钢鞭的文官，领着一个金童和七位仙女，金童抱着金元

宝，七位仙女穿红着绿，翩翩起舞，开始致贺词：

爆竹声声喜连连，款庄狮子来拜年。
恭贺大家新春到，万事如意笑开颜。
财神光临福禄到，箱箱柜柜装满钱。
风调雨顺庄稼好，老幼欢度太平年。

贺词唱毕，好客的主人便拿出各种好吃的糖果和好烟犒劳灯友，并向狮灯队赠送彩钱。彩钱数量多少不一，全凭主人公心。有的人家为了考考狮子的本领，故意将红包挂在阳台上，让狮子从下边去拿，借以取乐。住房宽敞的家庭，还在天井里放一张高桌子，让狮灯队表演跳桌角。

从大年初一到元宵节，花花绿绿的狮子队东家进，西家出。元宵演出结束，还要举行隆重的送灯仪式。送走灯神后，春耕生产开始。耍狮子的演出也停止，直到第二年春节才开演。

白天耍狮子，晚上唱花灯。

记得小时候，每逢过年，除了压岁钱，最盼

①② 苗族叙事诗《红昭和饶觉席那》传承人王汉哲传唱古歌

③ 苗族叙事诗《红昭和绕觉席那》作者：柿花箐王弘道（前排左四）（鲁格夫尔·扎猛）

望的就是到赤鹫镇上看花灯。印象最深的是《猪八戒背媳妇》，一个头戴猪头道具的男演员，摇着脑袋、晃着身子，身上背着个羞答答的新媳妇，边走边崴。和着二胡的花灯调，猪八戒边崴边唱："猪八戒背媳妇多愉快，神仙下凡人间来。"引得凡尘男人阵阵嫉妒。接着八戒拉着媳妇进城逛街，边逛边数富民的好风光一一指点给娘子看。媳妇走累了，八戒继续背上媳妇崴着，怜香惜玉地唱道："舍不得娘子小脚行走。"娘子趴在八戒身上，一脸幸福地唱道："猪八戒背着媳妇不怕害羞。"唱完引来了大人小孩的阵阵哄笑。

有一天，我带着孩子到滨河公园听花灯，恰巧又听到了《猪八戒背媳妇》。八戒看到人们笑他背媳妇丢丑时，猪八戒和着二胡调崴起来，机智地回敬了人们的嘲笑："猪八戒背媳妇哪点害羞，难道说天上爱情人间不有？"听得围观的群众哑然失笑。

除了与时代合拍的花灯外，传统的花灯也被保留下来。如《莲花落》《小放羊》《补缸调》《绣荷包》等。《姑娘栽秧》在湿地公园或滨河公园里，经常听到：

鸡叫一声忙呀忙起床呀——得哟，姑娘今天去栽秧，妈妈叫洗脸呀，嫂嫂叫梳妆呀，忙得姑娘团团转，忘记戴上一朵花，哎呀——子喂哟！忘记戴朵花；河边照一照，头上没得花，不好意思见小郎。

姑娘低头正呀正栽秧呀——得哟，抬起头来见小郎，他在把我看呀，他在把我看呀，急得姑娘团团转，扯上一朵粉团花，哎呀——子喂哟！扯朵粉团花：戴上粉团花，我就心不慌，小郎爱看你就多看。

歌舞 火把 欢乐源自内心

和生活浑然天成，不着痕迹的节日，才是真正的艺术。彝家人可以把板凳舞成出水蛟龙，用棒杈挥出春日原野，让火把在天空化作长虹。充满深爱的彝族节日，彩色缤纷，欢喜着富民人的心。

传说很久以前的元宵节，众人观龙灯会，有三个彝族青年越看越起劲，手舞足蹈，跃跃欲试，情急生智，举起他们坐着的长板凳，模仿龙灯舞要起来，十分快活。板凳龙后来逐步形成传统体育运动，平时以娱乐健身，节日期间表演比赛，深受彝家人的喜欢。

彝族人有这样的说法："有嘴不会唱，有脚不会跳，俏也无人要。" 在每年开春和稻谷要成熟的时候，清河彝族村民们都要聚集起来要"板凳龙舞"和"打荞舞"。板凳龙是用长

约 1.3 米、高约 0.7 米，形似条状板凳的道具，在凳面上雕刻一条龙，龙头、龙身、龙尾都雕刻得栩栩如生。雕刻完毕，分别在两条龙身上漆上青、黄两种颜色。不分男女的表演者，身着鲜艳的彝家节日盛装，三人舞青龙，三人舞黄龙，二人（耍宝人）在两龙中间引宝。舞龙者，其中一人出右手、一人出左手各抓前头两只脚，第三人双手抓住后头的两只脚。舞时要求头尾相顾，配合协调。当头高时尾要随低，头向左，尾则随向右摆；头往上引，耍尾者松手换位。舞龙尾者必须由步法灵、速度快、眼力好的人担任。舞龙头的二人要求身高基本一致。在欢庆的锣鼓声中，一群头戴鸡冠帽，身着红衣黑袄蓝围腰的彝家人举着二龙，在耍宝人的举、穿、绕、引、拜、翻等动作的引逗下，青龙和金龙时起时落，穿来拐去，或像出水蛟龙，两条龙配合默契，节节相随。先热身舞动“请龙”“接龙”“耍龙”“送龙”“谢龙”等仪式，继而表演二龙抢宝、黄龙穿花、金龙戏水、金蝉脱壳、黄龙盘身等精彩动作，看得村民眼花缭乱，频频叫好。

表演者边舞边唱，其唱词为：“小小板凳长溜溜的一条，圆溜溜的身子，小板凳像呀像条龙，板凳龙舞起来那呀哟。”耍板凳龙，再现了彝家人对龙的崇拜和喜爱，表达了祈求“风调雨顺粮满仓、牛羊成群漫山冈”的欢喜之情。

还有歌唱共产党给彝家人带来新生活的《板凳龙》唱词：千年的枯树发新芽，呀哈，万年的铁树开了花，呀哈，来了救星共产党

❶ 款庄舞狮团场表演

❷ 富民东村乐在团场舞蹈表演

呀哈，劳动人民才当了（呀哈）家。感谢毛主席呀哈，感谢共产党呀哈，劳动人民当了（呀哈）家。

打荞舞，来源于劳动。在高山生活的彝家，荞子是群众喜爱的粮食。荞子成熟后，收割晒干后的荞，用打荞棒（用带两个杈的木棒去皮后制成的生产工具）把荞粒敲下。打荞舞是在板凳龙舞表演后必备的节目，预示着在龙的保护下彝族人民五谷丰登。一群身着鲜艳民族服饰的彝族妇女手舞打荞杈棒欢快上场，边舞边唱：七月热央央，男女打荞忙，荞子长呀长得好，心里喜洋洋，快快收来快快打，快快收来快快打，呀哩哩罗，哩哩罗，哩哩罗，哩哩罗。村中的男女老少，时而把棒杈高高举起，时而把棒杈轻轻落下，跳着唱着，脸上洋溢着幸福的笑容。

❶ 苗族花山节掠影

❷ 苗族歌舞

❶ 舞动人生

❷ 2013 年廖明参加《罗免彝族山歌小调》音乐录制及拍摄吹箫伴奏

板凳龙舞和打荞舞主要流传在清河一带，火把节，则深受各族群众的喜爱。我们小时候，每逢六月二十四，也兴高采烈地去撒火把。

相传在远古的时候，有一个名叫十大力的恶魔，在人间破坏人们的幸福生活。人们发现后，纷纷上前质问。十大力蛮横地要人与他摔跤，还示威地把一头头壮牛扳倒（从此，火把节时首先要斗牛）。他的挑衅行为惹怒了一位叫包聪的彝族英雄。他走出人群，与十大力扭扯着摔了三天三夜仍不分胜负。于是人们弹着三弦，吹着短笛，拍手跺脚为包聪助威。终于包聪击败了十大力。恶魔发怒，放出蝗虫等各种害虫来糟蹋人们辛辛苦苦种出的庄稼。于是，人们又集合起来，点燃一支支火把去烧害虫。最后，终于烧死了所有的害虫。这一天正好是农历六月二十四。后来，人们为了纪念这一胜利，每到这天，都要杀牛宰羊，举办火把节，开展斗牛、唱山歌、撒火把等活动。

火把节在富民，不仅是彝族人的狂欢节，还融合了苗族的斗牛和汉族人的对山歌等习俗，把三个民族的节日完美融合。

“六月二十四的雨，七月半的鬼。”再大的雨也浇不灭富民人过火把节的热情。人们白天放牛，晚上坚持给牛添草料，牛被养得膘肥体壮。苗家男主人最得意的一天终于来了——火把节。牛与牛的角逐拉开了序幕，围观的人群随着牛的攻势，时而聚拢、时而散开，心情也随着牛的节奏时而紧张、时而松弛。斗牛表演对于它的狂热者来说就是一场隆重的仪式，一

彝族打荞舞

个庄严的节日。一位参加斗牛的苗家男子，在比赛过程中，虽然脚被牛踩伤了，但丝毫没有减少热情，表示来年还要牵牛出征。斗牛的间隙，男女青年唱山歌、对调子。

白天看斗牛、对山歌，晚上就撒火把。

平日里放牛、捡菌时看到松香就捧起装在篮子里，到家把松香倒在晒楼上晾干。火把节前几天把干松香舂细，装在小点篓里（小点篓：一种装种子的小竹篮，系在腰间，便于抓种子撒种）。平时做篾活，把篾黄一捆捆扎好，放在屋檐下，到了火把节就把它捆扎成火把。吃过晚饭，约上老表弟兄、表姊妹，分工撒火把。有的背着背篓，有的扛着火把，有的背着装松香的小点篓。点亮了火把，一行人浩浩荡荡向村中出发。从村口第一家开始进门撒火把。家家房门大开，迎接火把。一进

彝家板凳龙舞

门，看到主人，拿火把的老表赶紧把火把对着主人，背着松香的表妹快步走到火把跟前，两人异口同声地对主人说道："大爹大妈请火把。"同时抓起一把松香撒向火把，火把熊熊燃烧，主人很高兴地祷告道："你们的火把映红了天，我家的日子红似火。"对主人撒完火把，直奔厨房，表哥把火把对着灶膛，表妹抓上一把松香，两人口中念念有词："灶王老爷请火把。"表妹"唰"地把松香一下撒向表哥的火把，火把瞬间火光冲天。民以食为天，见了主人后，第一把火把是撒给灶王爷的。撒完厨房，才撒堂屋的火把。进

入堂屋，火把对着主人的家堂，撒松香之前，根据主人的姓氏念道："× 氏人祖宗请火把，保佑 × 氏人家清吉平安、大吉大利。"撒完火把，背背篓的大表哥就对主人说道："一个鸡蛋一碗米，小瓜小菜也可以。"主人会意地把早已准备好的瓜瓜菜菜放在背篓里，以表谢意。一群人兴高采烈地出了大门，举着火把又向另外一家赶去。

路上遇到其他火把队，相互举着火把，撒上松香，比谁的火把火焰大。绕了村子一整圈，点着火把回到家，开始煮消夜。清点背篓里的战利品，把各种瓜果蔬菜摆得满满一桌子，敞开肚皮吃个够。不时几声犬吠伴随着熟睡的鼾声，火把节也安静下来。

彝族打荞舞

民间传说　地方永久的经典

我们是听着民间故事和传说长大的。一群孩子围坐着，听大人讲述久远的故事和传说，特别诗意，特别美好，至今让人时时回想。

富民的大地上，流传着很多美丽动人的民间故事和传说，这些故事和传说，展现了广阔的生活图景，凝聚着一个地方的特质，是这个地方永久的经典。其中《姑娘坟的传说》和苗族民间叙事长诗《红昭与饶觉席那》，很有代表性。

姑娘坟的传说 富民的“梁祝”

在富民县东村乡的老干山下、水利村后的张家坟山上，有一座清朝道光年间的男女合葬墓，名叫姑娘坟。

相传，清道光十九年（1839 年），东村乡水利村有个风流倜傥的青年叫张必恒，自幼聪明好学，出口成章。其父亲自己做主让他和县太爷的千金于来年重阳节完婚。一次偶然的机会，张必恒看见了自己的未婚妻，发现她说话夹舌，吐字不清。当他向父亲提出解除婚约要求时，父亲要他死了退婚的念头。

元宵佳节，张必恒随母亲到款庄李资树老戏台观灯散心时，对李资树村的陈巧玲一见倾心。二人在张必恒书童家相会，私订终身，发誓“宁可死在一起，也不和他人成亲”。

二人分手回家后，天真无邪的陈巧玲含羞向父母讲了自己与张必恒的约定，她父母告知她与严家指腹为婚的事实——她在年底将嫁给严家先天呆傻的儿子。巧玲听了，当即哭得死去活来，请求父亲马上退掉严家的婚事。父亲告诉她，按当时的规矩，一旦悔婚，父亲就须赔偿和女儿体重相同的金子。父亲无能为力，只怪女儿命不好。

张必恒眼看重阳节越来越近，不得不向父母坦白了他与巧玲的私情，请求父母退掉县太爷家的婚事，到陈家去提亲。想到儿子一旦和县太爷的女儿成婚，儿子的功名利禄唾手可得，锦绣前程尽在脚下，父亲便拒绝了儿子的要求，并将他关在书房里，限制了他的自由。张必恒见重阳日益临近，退婚娶妻无望，便履行诺言，服毒自尽。

巧玲得知心上人的死讯，便回到房中，精心梳妆打扮，穿上大红嫁衣，然后服下毒药，静静地躺在床上，期待与张郎相会。临死前，她向母亲表示，希望和张郎埋在一起。

按照惯例，张必恒尚未成婚，没有后代，不能葬入祖坟，而陈巧玲也未过门，不是张家的媳妇，当然更不能葬在张家的坟地里。双方父母商定，两家同日同时发丧，张必恒的棺木由水利往李资树方向抬着走，陈巧玲的灵柩从李资树村往水利方向抬着行，双方出殡队伍在哪里相遇，就将他们合葬在哪里。

他们至死不渝的爱情感动了上苍，张必恒的棺木刚刚抬到张家坟堂，捆缚棺木的铁链突然断为两截。按当地风俗，铁链断裂的地方，是死者选中的地方，就只能把死者就地安葬。恰巧这时，陈家的灵柩也抬到了这里。于是两家人一起动手，将两具棺木合葬在张家坟堂里，这就是姑娘坟。

后来，在坟前长出了两棵清香树。这两棵树日益茁壮，枝繁叶茂，枝叶相连。每当夜深人静时，枝叶随风摇曳，发出沙沙的声响，犹如青年男女边牵手起舞，边在耳畔轻声呢喃。

为纪念这对青年忠贞不渝的爱情，后人在坟前的墓碑上刻了一副对联：

青史中不愧同心若水，
黄泉下依然相敬如宾。
横联：阴阳合德。

2006年《姑娘坟》的故事被昆明市人民政府批准为昆明市民间文化保护名录。

❶ 等待演出

❷ 苗家长街宴

2

红昭和饶觉席那：富民山水间的爱情经典

富民县最北边的东村镇有一个苗族村，名叫柿花箐，很有特色。雄伟的寨门，炊烟袅袅的村庄，走进村里，鸡犬相闻，给人一种恬淡美好的感觉。提起这个村庄，人们总会想起王弘道，想起王弘道，自然也就想起了苗族民间叙事长诗《红昭和饶觉席那》。《红昭和饶觉席那》就是柿花箐村王弘道和嵩明县陆新凤整理的，在1956年《边疆文艺》第9期发表，同年，由中国青年出版社出版。2017年，云南省人民政府将苗族叙事长诗《红昭和饶觉席那》正式公布为第四批省级非物质文化遗产代表性项目名录。

《红昭和饶觉席那》这部长诗，讲述的是一直流传在苗族地区的爱情故事，感天动地，荡气回肠。

老少同开心

九州最美丽的姑娘红昭，有一双会织布绣花的巧手。有一天，红昭骑上雪白的骡子，提上满口袋的银子，去寻找自己心目中的

台后补妆

小哥。寻啊寻，走遍了九州，在没有人烟的九州边缘多发拿山巅石洞里，结识了不骑马就能追上马鹿，空着手能把猛虎擒拿的聪明勇敢的饶恩那（“饶恩那”是“饶觉席那”的简称）。红昭和饶恩那从此结成夫妻，相亲相爱。白天，饶恩那种地打猎，收获很多食物；红昭纺纱织布，做出美丽的衣裳。晚上，月光洒满山坡，瀑布在月光下闪亮。饶恩那吹起了芦笙，红昭和着唱歌。他们俩的日子过得比蜂蜜还甜，比兰花还香。

每天去耕田种地，饶恩那都用竹子把红昭的画像挂在野地里。有一天，田间刮着风，把画像吹落到通往皇帝宫廷的

大道上。大臣就把红昭的画像献给皇帝。皇帝看上了红昭的美貌，派了一千伏兵，把红昭抢走了。

后来，饶恩那按红昭告诉他的计谋，杀死了皇帝，带着心爱的妻子回到多发拿山上，依然过着种地打猎、绩麻割草的生活。饶恩那吹着芦笙，红昭唱歌，红昭吹口弦，饶恩那伴和。红昭和饶恩那，是苗家的两朵山牡丹。

饶恩那和红昭的爱情故事，在苗族地区广为流传。这首苗族民间叙事长诗的发表，在全国文坛产生了重大影响，与彝族爱情叙事长诗《阿诗玛》同时出名，是云南省二十世纪五六十年代苗族民间文学的杰出代表作。

2014年10月，富民苗族歌手杨兴秀在昆明剧院首次演唱《红昭和饶觉席那》，取得了极大的成功。

❶ 韩杰先生著《花苗史略》手稿封面

❷《红昭和绕觉席那》

食尚富民

在富民，吃是件顶随意的事儿，不需要刻意的坐姿，也无须忌讳吃相，最是街头巷尾的小吃，最是稀松平常的农家小菜，却能让味蕾惊艳，舌尖起舞，心情飞扬！

在富民，可吃在街头巷尾，可吃在乡村僻壤，也可吃在花间柳巷。在富民，秀色可餐，有时候，吃的不是美食，而是风景，是意境。

在富民，吃也关乎人间烟火。那些寻常巷陌中不起眼的特色小吃，家常小菜，都承载着小城的记忆，溢满时光的味道。富民的前世今生，也许你不甚了解，但那些老味道，一定在你的味蕾中留下过痕迹，让你在某年某月的某一天，忽然想起。

春味：不负春光不负卿

云南人认为，春天是有味道的，这味道来自草沁花香的渲染，来自莺飞鱼跃的欢愉。人的味觉和嗅觉，在春天也会变得敏感、缠绵、多情。跟随春风的脚步，追寻春天的味道。

小城富民，春天来得不迟不早的地方。这里植被茂盛，物产丰富。一到春天，小城菜市场里的春菜便悉数登场。

香椿是云南食材最具代表性的一种，它甚至就是云南春天到来的信使。在富民，这座慵懒的云南小城，香椿也是被富民农家摆上餐桌最早的春味。

正月一过，香椿芽就开始萌发。椿芽按颜色分为紫椿和绿椿，日照长的椿芽一般呈紫色或暗红色，反之则是绿色的。此外，嫩的椿芽是紫红色的，抽筋长老后慢慢就变成了绿色。抽条长成绿色后，香椿就不能再食用。

想要吃到香椿可没那么容易。因为香椿的采摘是一件苦差事，先得练就一身爬树的本领，所以农家采摘香椿形成了男人

美味满桌

爬树采摘，妇女小孩在地上拣拾的场景。在特制的长长的竹竿上绑上锋利的刀叉，对准椿芽的位置，用锋利的刀叉轻轻一拧，嫩红的椿芽就像小毽子随着春风飘落。

用开水烫一烫，去掉里面的苦涩味，经过热水洗礼蜕变的椿芽，无论是拿来做主料还是辅料，就都有了很好的用途。

椿芽有着独特的香气，喜欢它的人呢，最爱它的这种香气，不喜欢它的人呢，却也最讨厌它这独特的香气。

翠绿殷红的春天香椿，和刚刚过去的冬天腌制的腊肉混合炒在一起，仿佛就是两个季节在分手前的最后一次碰面。味道分明，又热闹缠绵。

凉拌香椿，养肝润肺，是春天富民人家第一份清凉享受，也是最常见的农家做法。香椿煎鸡蛋，则把鸡蛋和香椿这两种香味相互融合在一起，平凡而又家常。

新鲜的香椿，放在烫水里焯一焯，凛冽霸气的香味立刻弥漫在厨房里，捞出后扭成麻花状，在阳光下晒干储藏。这样，无论在什

1 千张肉
2 凉火腿

么季节，都能品尝到春的味道。

炸干香椿，在热油的作用下，晒干的香椿，发生了奇妙的变化，身形又回到了当初在枝头上蓬勃舒展的状态，就像刚采下来一样。

一份香椿鸡蛋炒饭，是山里农家外出做活最好的午饭。在初春的山林里，虽然过去了五六个小时，但一打开饭盒，炒饭里椿芽的清香，在春风里轻轻飘散，好像在提醒芸芸众生，春天已经来了。

凉拌香椿的清香，椿芽炒腊肉的浓香，油炸椿芽扑鼻的脆香，组成了富民人家最寻常的春天宴席。

香椿的芬芳，仿佛是在为富民的农家，开启春天的大门，让无尽的春意扑面而来，在春芽的香气中，感受浓浓的春味。

同样作为春天的树芽，如果说香椿能带给人愉悦，那么这种被叫作“树头菜”，或者“刺挠苞”的树芽，给人的第一印象，并不是那么美好。

可这样貌略微粗糙可怕的刺挠苞，并不妨碍成为富民人最爱的春令菜肴。

刺挠苞树有纯野生的，也有移植到家中菜地里栽培的，因为稀少，节令性强，还有清火败毒的药用。有些富民人家对刺挠苞的喜爱程度，甚至超过香椿。

1

2

用烫水煮一煮，去掉一部分苦味，还能把嫩刺软化一下。凉拌刺挠苞，是富民人家最家常的春天菜肴。然而煮汤，才是富民农家最爱的一种做法。它保持了春天最原始的鲜味，浓淡适宜的微微苦味，再配上一碗煳辣子蘸水，将嫩绿的刺挠苞在蘸水中浸透，红配绿的鲜艳颜色刺激着感官，浓厚的味道在舌尖蔓延，这正是富民人最喜欢的味道。

春味可不是香椿和刺挠苞，它包括香椿和刺挠苞，包括祝福，包括对联，包括灯笼，包括一家人围坐在一起。品尝春天的宴席，迎接春天的到来，这才是真正的春味。

一花一叶，一草一木，因为与人的亲近，而成为牵挂和想念，这种在温暖中产生的愉悦，会让人在愉悦中享受、期待，并牢记心间。

也许，春的味道，就是家的味道……

花宴：花谢花飞花满天

屈原在《离骚》里用诗句“朝饮木兰之坠露兮，夕餐秋菊之落英”表达了一种清高和脱俗，那么，人们在云南以花入馔，是否意在咀嚼一种惆怅呢？

云南人吃花的传统，源自云南丰富的花卉种类，以及一花一叶都有药效的作用。

花是云南的表情。在这里，山花遍野，家家院落也种满关不住的万紫千红。花也是云南的心情，各种各样的花，还会被云南的女人绣在头饰、

腰围、裙子和鞋上。

富民，作为省会昆明的后花园，当然也不乏以花入馔。对于花的凋落，富民人不像林黛玉，将悲悯葬于黄土之冢，他们更乐于把对花飞花谢的惋叹传递给味蕾，寄送给口腔。他们葬花于腹，要化冉冉春光为流淌在血液里的锦缎。

满腹鲜花，自然满眼鲜花；满眼鲜花，也应满腹鲜花。这，也许就是富民人最质朴而简单的逻辑。

4 月，富民的阳光已变得炙热。这样的季候，最适合在富民享受一餐花宴。

恰逢文友聚会，我们便选择一家颇有情趣的餐厅尝尝花宴。餐厅是一幢古朴雅致的农家小院，立在花圃中间。抬头举目，绿潮红浪翻卷；仰俯呼吸，馨香缠绵悠远。是玲珑之艇，潜于深海，是观景之台，浮于霓霞之波。

玉兰花，春天开放最早的花，花期较长。花瓣肥厚的玉兰花，最适合入菜，把清洗干净的玉兰花切碎，和鸡蛋一起炒，能做出清香扑鼻的玉兰花炒鸡蛋。

金雀，是一种落叶灌木，高只有几尺，常常一丛丛长在一起，柔软的枝条细长披垂。每年春季开花，花瓣末端稍尖，旁分两瓣，犹如飞鸟，再加颜色金黄，所以叫作“金雀花”。

炒苦刺花

金雀花完全开放时，像一只只展翅欲飞的金丝雀。金雀花不但形美，味道也鲜甜温和，是春花菜肴里，最有样貌的一种。

金雀花传统的做法是煎鸡蛋饼，香甜可口。比较受欢迎的是加入火腿炒。金雀花的鲜甜，融入了火腿的咸香，让金雀花的色泽更加鲜艳，有层次，香气也更添浓郁，入口鲜香爽口，回味甘甜，风味独特。

比起炒和煎，我更喜欢的是用它来汆汤。在热汤里，金雀花不但没有萎靡，反而变得更加鲜活明艳，像一群在涅槃中欢呼跳跃的金丝雀，味道也保留了金雀花最原始的鲜甜。

棠梨花，一种春天最常见的小花蕾，多生长在那些贫瘠少水的山坡，在富民的山野到处都是，随手就能摘到。这种小花，也就承载着富民人对每一个春天的美好向往。

阳光下，一树树的棠梨花骨朵刚刚泛白，含苞欲放，树叶还是一点点没有绽开的嫩绿，看似很好采摘。不过，你可不能被这表象欺骗，因为棠梨花的树枝上长满了尖刺，一不小心，手指就会被刺破。所以，在采摘时，先要小心地拉下一枝条，再小心地一朵朵慢慢摘下。

棠梨花的花期很短，几天的时间，花苞就会竞相开放，而开放的花朵就不能再食用。我们平时所食用的棠梨花是那一簇簇聚在一起的不白不绿的小花苞。

新鲜的棠梨花花蕾，用水焯一焯，漂洗后，再用清水在盆里漂起来。这样做不但能去除棠梨花里的涩味，更重要的是保持棠梨花的形状，使之不变形。

棠梨花炒腊肉，是富民人最常见的做法。腊肉里的盐分和香气，自然渗入到棠梨花里，而棠梨花的清香也在热油的作用下慢慢释放出来。一箸下去，就像冬的渐退和春的渐进，在慢悠悠的时间推移里变幻着，轮回着。

❶凉拌蕨菜

❷炒芥蓝

❶金雀花煎鸡蛋
❷炒刺五加

凉拌油菜花，碧绿中缀满碎金。带嫩茎细叶的菜花用沸水烫过，揉上香油然后塞进杯形器皿倒扣半天，切细，浇上梅子醋，拌入椒盐。

一箸进口，会有一股辛辣之气长驱直入，冲进鼻腔，进军脑门。强烈的刺激感使人几乎尖声惊叫，泪水却止不住地盈满眼眶。其味类似芥末功效却远胜之——刺激感越强烈越停不住伸出去又送到嘴边的竹筷。与色貌雅洁、味道温和的凉拌棠梨花相比，凉拌油菜花大悲大喜，至性至情，故俗名“冲菜”。

蒸芋头花，糯软炬绵，入口即化，淡淡的清香却盘旋缭绕于口腔，经久不散。这道菜在出炉过程中必须不沾冷水，蒸透，否则麻嘴。

芋头开花的季节，临做饭，先跳进地里摘一捧芋花，撕去花秆上的紫色薄皮，露出剔透本色，切成段，热锅快炒，然后装盘蒸透，菜就有了。

芋花也可像做油鸡纵一样，用香油炸干后装瓶，给外出求学工作的儿女细嚼慢咽，品尝乡愁。这家餐厅的蒸芋花做得精致，未用深色调料，齐崭崭寸许长的晶莹，是一碟不忍下筷的芋花，而那喷薄而出的别致香气，却又成为挡不住的诱惑，极具对舌头的挑战性。

在富民的农家小院，石榴树很常见。每到石榴花开，远远望去，一片火红。石榴花有雌雄之分，雄花不会结果。因此满枝丫的石榴花，总会有许多随着春风坠落而下。细心拣拾，摘除花瓣、花蕊，下锅焯一下，又成就一道花馔。

肥腊肉炒石榴花，暗红中透出亮白。石榴花本身无味却广纳诸

❶

❷

味，仿佛魔杯，一只只满斟着油盐葱椒肉的丰富味道，口感绵实。红得耀眼的石榴花之所以褪了色，是因为在沸水中焯过并浸泡过。这样，能去除涩味并使肥厚的花瓣变得柔韧。

炸南瓜花，酥灿如黄金，颤颤如蝶翅。系新采南瓜花，用面粉蛋清调出一碗精糊，把花放进去蘸个透，然后放入油锅煎至颜色刚好泛黄，捞出来撒上白糖装盘，为鲜花盛宴再添一道佳肴。一上桌就吸引了众人的目光。撒上白糖，像覆了一层冬雪。入口，一种被清香过的甜，被酥香过的脆，迸裂着飞溅，犹如在嘴里绽放了一支礼花，瓣瓣金黄装点出一碗星空，南瓜花的清香却萦绕在舌尖。

富民周边高山上，杜鹃有红、黄、白三色，唯白色的可食。但也需煮过、漂洗过，以去除毒素。此馔是山里人家待客的佳肴。

杜鹃花配青豆瓣煮汤，一如老青山一如螳螂川的玛瑙石，相映成趣；一清香一浓鲜，良缘妙结。它非常市井却又不失品位，曾喂养老一辈人饥馑的童年。

在山间，别一朵在小路上采摘的杜鹃花，也许嘴里吃着花，心里就开放着花朵一般的诗句。

天边滚过雷声，富民迎来了第一场春雨，我们知道，这场雨过后，很多春花将凋零残败，今年想要再来品尝这样一席花宴，再没有了机会。

但是我们却很满足，因为每年轮回的花讯，已经让花宴的印象，那么鲜明地印在我们的味觉和记忆里。

以花入馔，不仅让生活有远方和田野，更让心中自有风花雪月……

杨梅，故乡的汁液

秀色可餐，在富民，有时候，吃的不是水果，而是心境。

吃在花间柳巷，在富民的城郊，某个果园、农家乐、鱼庄，任落英缤纷飘落在席间，与美酒同醉，朦胧间草木皆兵，可诗可画可泣可诉。

春天爱去农家园吃烧烤，螳螂川畔，满园春色下，樱桃花白如雪，杏花粉如霞，花下烧烤，俗的也雅了，雅的就更雅了。

在艳艳桃花如彩霞飘荡的季节，亲朋好友、同学同事相邀相约到桃园野炊。在一锅酸辣鱼，或者一碗凉拌香椿里，必然飞入被调皮孩子或多情春风故意摇落的缤纷桃花。箸落此浑然天成的花馔，别有一番滋味在欢笑声中。

富民的果园，一个挨着一个，离得很近，有时候，一个果园同时结满五六种熟透的水果，吃什么完全不重要也不太记得。一年一度果实压满枝，采撷远比傻吃来得重要、快乐。

大树杨梅

我想，人与水果之间是有故事的。因为有故事，我们才

能从作家笔下的水果中，体会出不一样的温度，“吃货诗人”苏轼笔下的“日啖荔枝三百颗”，听着逍遥淡定，但其实在用荔枝的甜来抒发内心的苦闷，朱自清先生关于“我买几个橘子去。你就在此地，不要走动”的那段描写，就让那些再常见不过的橘子诠释了浓浓的父爱。

而到了电影里，水果也不再只是简单的道具，比如《重庆森林》里的凤梨罐头，虽然让何志武（金城武饰）吃得胃不舒服，但那些过期的凤梨罐头无一不装满了他对前女友的恋恋不舍。再比如前段时间很火的《请以你的名字呼唤我》，一个简单的桃子镜头，因为人物的加入，变成了全片最具诱惑的桥段。

因此，在富民，每到5月中旬至7月上旬，是杨梅成熟季节，每次看外出的富民人回家吃到杨梅那陶醉的样子，我就想到在富民最平常的水果，似乎象征了故乡最可贵的部分，仿佛饱含了叫作“故乡”的汁液，可治思乡的疾病。

杨梅，也毫无例外地成了富民一张对外开放的最好名片。

好大的杨梅

杨梅，在富民的种植，最早可追溯到1992年从浙江引种试种大树杨梅开始。十几年时间，杨梅日受富民农家喜爱，种植面积已达2.8万余亩，产量可达2500吨，种植品种以荸荠和东魁为主。先后通过“无公害产品产地”“绿色食品”认证，获得“优质产品金奖”。

大树杨梅是我国特产佳果，因其树身高大，果形如水杨子而味似梅而得名。据史料记载，江浙一带种植已有一千五百多年的历史。夏至前后，正是杨梅应市时节，满山满坡的杨梅林，绿叶凝碧流翠，红果乌亮烁紫，使人心醉。历代文人墨客无不对它赞颂，偏爱至极。

宋代诗人平可正有诗曰：“五月杨梅已满林，初疑一颗值千金。味胜河溯葡萄重，色比泸南荔枝深。”大诗人苏东坡先大赞荔枝，后来却又认为：“闽广荔枝，西凉葡萄，未若吴越杨梅。”这一评价，出自这位美食家之口，自然吴越的杨梅就身价百倍了，故有“吴越杨梅冠天下”之誉。宋代大诗人陆游也有赞美杨梅的诗：“绿荫翳翳连山市，丹实累累照路隅。未爱满盘堆火齐，先惊探颔得骊珠。斜插宝髻看游舫，细织筠笼入上都。醉里自矜豪气在，欲乘风露扎千株。”诗人栩栩如生地描绘了杨梅果熟时满山皆红，人们喜摘杨梅运送京城的盛况，并把杨梅比作“骊珠”，证明杨梅在南京确是身价超出百果。

富民大树杨梅，在云南为珍稀水果，其特点是：树大，果大，核小，色泽艳丽，肉多味美，酸味适中。它不仅外美味好，还具有消暑生津、利尿健脾、解渴止咳、增进食欲、促进消化等天然医疗保健功能。

炎炎夏日，约上家人好友，去杨梅园品尝熟透的杨梅，摘一颗熟得红紫的杨梅吃，香中带甜，水润的甜中携带着杨梅独有的迷香，吃过才知那是奢侈。而每到这个时节，到富民各个乡镇来采摘杨梅的游客也络绎不绝，常常出现“十里车流涌梅园”的摘果盛况。

如果在杨梅园里，再遇上一场夏雨，那就赚大发了。在杨梅园听雨，雨声是极美的，不像是落在叶子上，倒像是一帘帘雨丝落在心上，心里再多的千愁百绪在那一刻也能解了。

于梅农而言，在杨梅落幕之前，泡上一壶地道的杨梅酒，是犒劳自己辛劳一年最好的方式。依靠时间的力量，在漫长的时光旅程里，杨梅将逐渐退去青涩的模样，把自身的芬芳、酸甜和颜色一点点融入酒中，直到透明的液体逐渐变成美丽的紫红色。

入夜，细雨敲窗，围炉夜话，杨梅酒慢慢煨来，故事从头说起。十盏后，就可以跟一株株杨梅树谈心。或者可以对着一个简单的古老树洞，向它倾诉一个秘密，再用时间封起。从此，再没有人知道那个秘密。人生的万千美好，也只能如此了。

因为杨梅，富民人多了一个独特的“杨梅节”。也因为杨梅，富民人有着最属意的“日啖杨梅三百颗，不辞长做富民人”的生活方式。

看到杨梅的时候，作为一个外地人都会流口水，更何况是地道的富民人呢？

大树杨梅

杨梅，或多或少都能让身处富民的外地人想起自己的家乡，又或者

身处异乡的富民人更想念自己的家乡。也许，关于故乡的记忆是琐碎的，但因为唇齿间存留的甘香果味而被激活，所带来的甜美才更加令人难忘。

在杨梅园，随手摘几颗品尝，滋味沁入心间。因为你吃的原本不是杨梅，而是一种闲情逸致罢了，更不用说吃的不是水果，而是一园秀色！

在富民，你吃的也不只是杨梅，而是人世间最甘醇最无私的一份情，哺育了你无数个春夏秋冬，勾起你千丝万缕的回忆与乡愁。

年猪饭：团圆的烟火味

宴席是中国人联结感情的场合，人们通过宴席来承载事物的开始或者结束，传递幸福和喜悦，或者感恩天地的栽培。在云南，旅者经常被席地幕天的盛大场面吸引并感动。为了一场

盛宴，高原子民可以倾其所有，而无所顾忌。

富民，这座离昆明只有十九公里，但山区较多的小城，毫无例外，每至年关，在乡村僻壤，将近一个多月的年猪饭，绝对是富民农家一年中最盛大，最有烟火味的团圆饭。

这里的土地，比起沿海江南算不上最富庶，却植根着深情。这里的人们，不一定最富有，但一定满含着热情和豁达。

在富民，一张桌子，一场年猪饭，就可以阅尽人心的厚实和慷慨。

年猪饭，承载着富民人的岁月记忆，裹挟着乡恋、相思和乡愁。这些情感，一直伴随着富民人，在时令更迭，成长离别的时光里打下深深的烙印。

进入腊月，干燥的风在富民的乡野，浩浩荡荡地吹上一个月，阳光也似乎一天比一天通透。因为天气晴好，这一个月也是富民农家最忙碌的时候。临近年关，需要准备的事情似乎也很多，但富民农家的头等大事绝对是宰杀年猪，做一华席流觞，宴请亲友。

富民的年猪饭，一般在冬至前后，正是“三九四九，冻死鸡狗”的时节。这段时间，农家辛苦劳作了一年，丰硕的粮食已装满粮仓，猪圈里的年猪已喂得肥膘体壮。那些在外求学、打工的游子也陆续回到家中，正是团圆的好时光，也是腌制腊肉和火腿的最佳时节。

每到这个时候，苍凉寂寥的村庄，一下子变得热闹鲜亮起来，不论大人小孩都会沉浸在杀年猪的喜悦之中。

年猪一般是在头年养猪时就精心挑选出来，用五谷杂粮隔槽喂养，以保证猪肉的味道和品质。选定好杀年猪的日期，主人提前请好杀猪匠、帮忙做菜的大厨，宴请的亲友。同时，还要在房屋外选址砌灶、准备拴猪用的绳索，磨好留下一年专门用来杀猪的杀猪刀，购买好各种年猪饭的食材，准备工作才算告一段落。

清晨，主人将猪哄出圈舍，杀猪匠在亲朋好友的帮忙下，一起把猪扳倒、按在桌上，一刀穿胛，放血。大铁锅里水已烧得翻滚。忙活一早上，将猪身子收拾干净后，开始开膛破肚，猪头、脖项、肠肚、心肝先清理出来，将两大扇猪肉也背回家中。

上午的年猪饭，选用刚刚剔出来的鲜嫩里脊肉，加点儿葱白和姜丝，炒出一碗小炒肉，要多鲜就有多鲜，想多香就有多香。

还有一碗必须要上桌的，就是生炒猪血。一小时前还在肥猪体内流淌的热血，这时只不过刚刚冷却。在锅内等油热起，放入几段干辣椒、几粒花椒，抓一把小芹菜或青蒜叶，舀上几勺猪血一起爆炒。掌握好火候，稍微还在泛红就嫩嫩地起锅，热腾腾地端上桌子，是富民人最爱的一道杀猪菜。

生炒猪血，这头刀菜吃的就是新鲜。在乡村，就连平时害怕见血的妇女和孩子，也抗拒不了这道菜的诱惑，一筷一筷抢

着往碗里、嘴里夹，也顾不得猪血把白米饭或嘴唇染成了淡红色。嘴里只留下鲜血的甜，辣椒花椒的醇香，芹菜或青蒜的清香。

一碗老白干下肚，酒足饭饱，收拾年猪的工作才正式开启。卸肉、腌火腿、装香肠、装血灌肠、炼油、炸酥肉……足够几个人忙碌一整天了，大厨还要负责晚餐丰盛的年猪饭呢。

来帮忙的亲朋好友分成几拨人。一些人在厨房忙着炼油、炸酥肉、做圆子、炖红烧、剁细肉、腌灌肠，一些人负责蔬菜食材的清洗、拣拾、剪切，剩下的人则把余下的猪肉卸下两腿，再切成条子肉，然后用酒和食盐使劲地揉，揉好后就放在一只大桶里腌上几天，再挂在屋梁上风干成腊肉，这可是山里农家来年的肉食粮呢。

午后的农家小院，随着黄昏的到来，在生煎炒烤、卤煮蒸熏、烟熏火燎中，琳琅满目的猪八碗一一上桌。高丽肉、生肝、红烧肉、地莲花煮鸡、山药排骨、糟血旺等等，无一不在刺激着宾客的味蕾。在大碗喝酒、大块吃肉、大声吆喝中，杀猪饭也在冬天寒冷的夜幕下缓缓落下帷幕。

在这宾客满朋的小院里，尽管食物琳琅满目，望不到头，但其实吃什么，吃到了什么，似乎已经不重要了，全都沉醉在相互敬重、尽情挥洒共同分享的欢乐气氛。

吃在富民的乡村僻壤，不单单是为美食，更多的是感受乡间的烟火气息，重温亲朋好友间的亲情和乡情。

以年猪饭为载体，把过去一年的生活做最现实、最朴素的总

黄金猪脚

结，并把未来一年赋予最神圣的祈盼和寄托，人们欢聚一堂，相互分享，珍惜相聚的时刻。这，也许才是富民年猪饭最终的意义！

富民杀年猪的习俗从祖辈延续至今，农家日子算不上有多富裕，但朴实的乡亲用杀年猪的年俗来联结亲情、友情和乡情，一代又一代传承，相互守望着那种浓浓乡愁。

在代代相传中，故乡的味道得以延续。尽管吃的是农家家常菜肴，但在一品一酌间，却是不能遗忘的味道。慢慢地回味，人们似乎也能找到，那些久违的记忆和情怀。

很多时候，一场年猪饭盛宴的意义，并不在于吃，而是把心情，做最本真的、最诗意的表达！

小吃：旧时光的味道

小吃，在饮食范畴，有别于珍馐美味的大餐。既然是小吃，做法自然就简单、浅显，就像富民人的性格，直率、淳朴，不委婉、不拐弯。但小吃，却也在简单朴素里，潜藏着深厚的道理和情怀。

小吃之于生活，可能只是很小的一个日常食品，但那关于小吃的记

❶ 煎荞粑粑

❷ 凉米线

①② 苗族大粑粑

忆，却远远不止是味蕾留下的酸甜苦辣咸那么简单。饵块夹油条、小锅米线、炸洋芋、豌豆粉、丁丁糖、木瓜水、甜白酒……每一种小吃牵动出的都是难忘的岁月、难忘的事、难忘的人。

当一个人想简单吃点东西，而又不太熟悉所在城市的特色美食时，小吃，绝对能满足这简单淳朴的愿望。

东逛逛西看看，在小肆和摊子之间随处坐坐，无须在意坐姿，无须在意吃相，大快朵颐才是对待街头巷尾小吃的最佳方式。

偶尔碰到一两种熟悉的小吃，闻着熟悉的味道，仿佛那熟悉的旧日时光也会扑面而来……所谓食髓知味，大抵也是如此吧！

在富民的大街小巷，一天可以从一个烤饵块开始，三块钱付过，饵块夹油条，加上洋芋丝、豆芽、韭菜、肉酱、腌菜，以及花

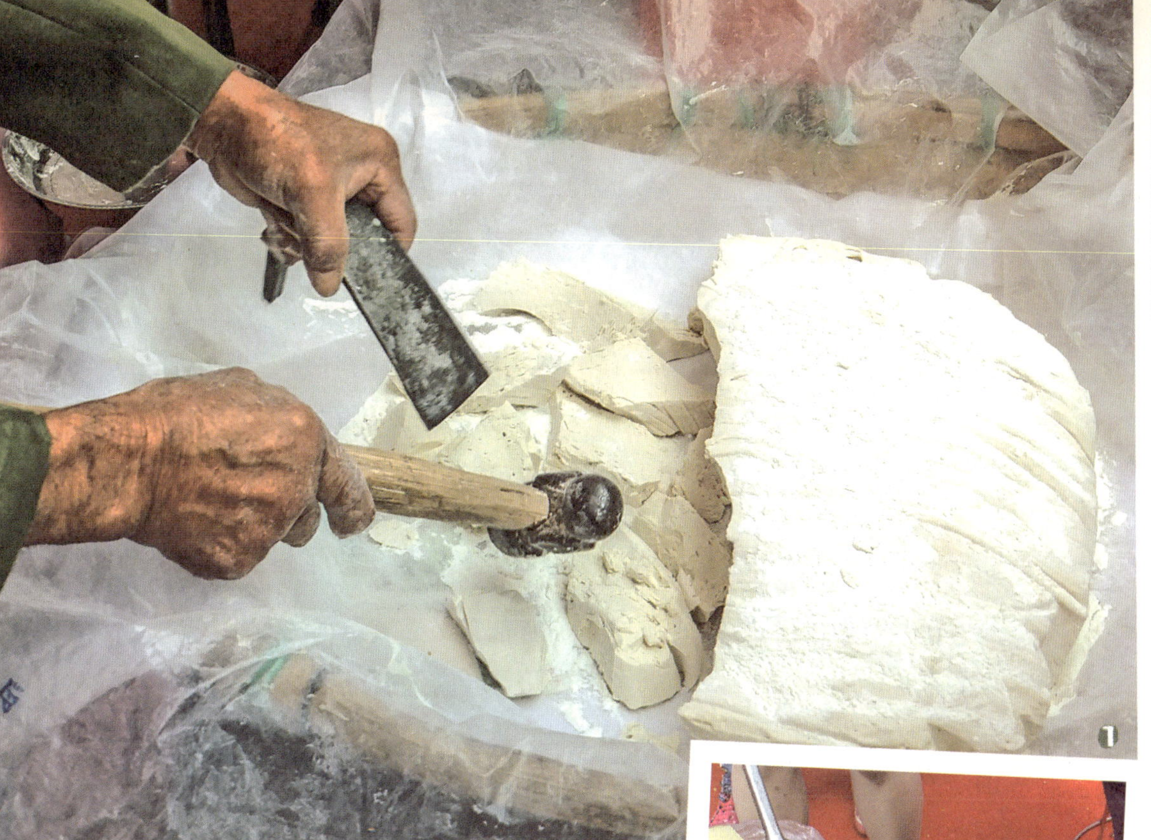

生面等，握在手中大啃一口，全新的一天就在云南十八怪之一的“粑粑叫饵块”中幸福开启。

小锅米线，麻辣爽口，酸而不寡，肉而不腻，清早来一碗，温暖舒畅得能想起三千年前的旧事。其实，温暖的不仅仅是胃，是心，还是一整天的好心情。

午睡起来喝一碗混搭的冰粉凉虾，从舌尖一直凉到后背。凉虾如玉，入口也是玉石的滑凉，冰粉像琥珀，未入口，先秒杀了眼睛。品一杯，一夏的清凉从繁盛的绿叶随风沁入身体发肤，连酷热的太阳也只剩下 20 摄氏度。加上萦绕在舌尖玫瑰糖的甜蜜，以及玫瑰花的芬芳，香和甜都极为饱满，浓烈得如同隆冬普照的阳光，心情也不由自主飞扬

❶ 东村三宝丁丁糖

❷ 东村三宝豌豆粉

起来。

还有米糕、炸洋芋、烤豆腐……散布在富民的大街小巷，你可以牵着爱人的手，边走边吃，边说边吃，和好心情一起下肚。

而对富民当地人而言，最有味道的小吃，当属丁丁糖，也叫麦芽糖。

在富民人的传统年俗里，春节前要熬制一家人的麦芽糖。对小孩子而言，吃麦芽糖意味着要过年了。

二十世纪五六十年代，正是缺衣少食的年代，物质特别匮乏，经济也不宽裕。人们除了一天两顿吃饱外，零食是不敢奢想的。因此，每到年末，不管怎么忙，家庭主妇们都要抽出时间，在春节前的某一天做好一筛子的麦芽糖，十几、二十几斤不等，陪伴一家人度过甜甜的几个月。

富民人做糖的原料选用的是米粒与大麦芽。大麦芽一般半月前就要提前泡好、发好、晒好并捣碎。腊月的某一天，天还未亮，主妇们就开始在厨房里忙碌开来，蒸熟的米粒，加入捣碎的麦芽，进行发酵，挤出糖水，放入大锅里进行熬煮。这也是小孩子最期待的时刻。小孩子们在旁边坐着打闹、闲聊，时不时跑到灶台前，眼巴巴地往锅里张望。主妇们一边守着灶膛加柴，一边在锅边不停搅拌。等到 12 点，喝过一碗糖稀后，小孩子们一个个都眼皮打架上床了，只留下主妇们在坚持。

随着糖稀不断沸腾，糖稀变得浓稠起来，用筷子取出一些，吹一口气，糖花四散时，糖浆就该起锅了。用竹筷过一团黄澄澄，半透明，琥珀一般的糖浆，咬一口，唇齿留香，甜到心扉，是很多富民人难忘的儿时记忆。有一个词语叫“甘之如饴”，饴，就是这种形状的麦芽糖。

要把麦芽糖从黄色的糖浆变成白色的白糖，需要一个耗费体力的过程，这个过程叫作扯白糖。经过十几下的拉扯，类似麻花状的几个折叠来回，水分逐渐脱失，颜色也在力量下由黄色变成白色。

第二天一早醒来，扑鼻而来的就是清甜滑润的麦芽糖香。一筛子琥珀状、白汪汪的糖已熬好，摸着冰凉凉的，口水都流出来了。此外，还有用菜刀切成小块，用糖稀黏着的米花糖。

麦芽糖、米花糖这些零食，在物资匮乏的年代，是富民人家春节待客的好东西，也是小孩子之间友谊的“润滑剂”。尽管在那个年代家家都不

稀罕，家家都亲手做，但家家的味道也不尽相同。

如今，随着物流的发达，大街小巷卖丁丁糖的也随处可见。年末，在家熬糖的富民人家已屈指可数。因为熬糖是一件麻烦又辛苦的事儿，可富民人总是说吃不到那个记忆中最纯正的甜味了。

有人说怀念是种伤人的东西，对于回不去的过往，只能尘封记忆。时间煮雨，变的不光是我们的容颜和青发，还有记忆中小吃的味道。

可富民人也知道，生活就像麦芽和麦芽糖，该发芽的时候就发芽，该改变颜色的时候就改变颜色。随着时间的流转和力量的积蓄，自然能改变。

对于那些怀念麦芽糖味道的富民人，或许背后有着的，只是一份对传统的留恋，一份记忆中的年味。

也许，小吃，牵念富民人的，不仅是记忆中的味道，还有太多深锁在牢。

吃在富民的大街小巷、乡村僻壤、花间柳巷，做一回闲云野鹤、乡野村人，哪怕只有一天，也知足了！

❶ 烤羊排

❷ 荷叶鸡